Dychmygu Iaith

Mererid Hopwood

Gwasg Prifysgol Cymru
2022

www.gwasgprifysgolcymru.org

Mae cofnod catalogio'r gyfrol hon ar gael gan y Llyfrgell Brydeinig.

ISBN   978-1-78683-919-0

eISBN   978-1-78683-920-6

FSC

Ar ran Gwasg Prifysgol Cymru

Llion Wigley (Comisiynu); Olwen Fowler (Dylunio); Steven G. Goundrey (Cynhyrchu); Dafydd Jones (Golygu)

Argraffwyd gan CPI Antony Rowe, Melksham

Llun y clawr: Mary Lloyd Jones, *Iaith Ynysoedd Erch* (2010), 5tr×6tr, olew ar gynfas. Trwy ganiatâd.

Cyflwynir y gyfrol hon gyda diolch
i'r Athro Len Jones, Aberystwyth,
a'r Athro Martin Swales, Llundain,
am eu harweiniad a'u ffydd.

Cynnwys

Cydnabyddiaethau

Hoffwn ddiolch ...

am gydweithrediad hynaws y beirdd a'u gweisg

'Yr Heniaith', Waldo Williams, trwy ganiatâd Eluned Richards

'Ceist na Teangan', Nuala Ní Dhomhnaill, o'r gyfrol *Pharaoh's Daughter* (1990), trwy ganiatâd y bardd a The Gallery Press www.gallerypress.com

'LISTEN AND REPEAT: un paxaro, unha barba', Yolanda Castaño, trwy ganiatâd y bardd

'Portugês', Maria Teresa Horta, trwy ganiatâd Sociedade Portuguesa de Autores

'Hawraarta Afkeenna', Jaamac Kediye Cilmi, trwy ganiatâd Martin Orwin

'Maatribhasha', Kedarnath Singh, trwy ganiatâd Mohini Gupta

'Conversar', Octavio Paz, trwy ganiatâd Carcanet Press

'Kangelu Mu Mvley Zvngvn', Victor Cifuentes Palacios, trwy ganiatâd y bardd

'Addasu', Rufus Mufasa, trwy ganiatâd y bardd a Chymdeithas Ddysgedig Cymru

'Evonda', Eric Ngalle Charles, trwy ganiatâd y bardd a Chymdeithas Ddysgedig Cymru

'The land would disappear', Hanan Issa, trwy ganiatâd y bardd a Chymdeithas Ddysgedig Cymru

'Beth yw'r iaith i mi?', Emyr Davies, trwy ganiatâd y bardd a Chymdeithas Ddysgedig Cymru

'Holwyddoreg ar Iaith', Grug Muse, trwy ganiatâd y bardd
     a Chymdeithas Ddysgedig Cymru
'Amllelthrwydd', Gwynfor Dafydd, trwy ganiatâd y bardd
     a Chymdeithas Ddysgedig Cymru
'Beth yw iaith?', Tudur Dylan Jones, trwy ganiatâd y bardd
     a Chymdeithas Ddysgedig Cymru
a dyfyniadau o 'The Other Mother' Sampurna Chattarji, a cherdd
     rhif 7 *Moutat Maheswar* Joy Goswami, trwy ganiatâd y beirdd;

am gymorth gwerthfawr
     Mererid Puw Davies, Coleg y Brifysgol Llundain;
     Olwen Fowler, Cwmerfyn; Steven G. Goundrey, Gwasg
     Prifysgol Cymru; Isaías Eduardo Grandis, Llanddarog;
     Mohini Gupta, Rhydychen; Dafydd Jones, Gwasg Prifysgol
     Cymru; Mary Lloyd Jones, Aberystwyth; Tudur Dylan Jones,
     Caerfyrddin; Raúl Angel Mazzone, Trevelin; Elin Meek,
     Abertawe; Ben Ó Ceallaigh, Prifysgol Aberystwyth; Peadar
     Ó Muircheartaigh, Prifysgol Aberystwyth; Martin Orwin,
     Prifysgol L'Orientale, Napoli; Lloyd Roderick a Staff Llyfrgell
     Hugh Owen, Prifysgol Aberystwyth; Llion Wigley, Gwasg
     Prifysgol Cymru; Huw Williams, Prifysgol Caerdydd; Staff
     Darllenfa'r Llyfrgell Genedlaethol, Aberystwyth;

am eiriau doeth fy nghydweithwyr yn Adran y Gymraeg
     ac Astudiaethau Celtaidd, Prifysgol Aberystwyth;

am amynedd a chefnogaeth y criw ffyddlon o ffrindiau a theulu.

Cyflwyniad

Gwasgwch 'Amdanom ni' ar wefan Gwasg Prifysgol Cymru.[1]
Oddi yno ewch i 'Hanes y Wasg'. Yma, cewch ddysgu mai
ym 1922 y'i sefydlwyd hi yng nghyd-destun trafodaethau
brwd y dydd ynghylch hunaniaeth genedlaethol. O'r cychwyn
cyntaf, bu'n rhan o 'ymdrech genedlaethol ehangach'
meddir, un 'a bwysleisiai gwerth addysg fel elfen ganolog i'r
ymdeimlad o genedligrwydd Cymreig'.[2] Diau bod bwrlwm y
canmlwyddiannau a welsom yng Nghymru dros y ddau, dri
degawd diwethaf yn dyst i ehangder yr ymdrech honno. Ym
1893, yr oedd eisoes wedi esgor ar Brifysgol Cymru a dynnai
ynghyd golegau Aberystwyth, Bangor a Chaerdydd; ac erbyn
1907, roedd wedi arwain at eni'r ddwy efaill nodedig, Llyfrgell
Genedlaethol Cymru ac Amgueddfa Genedlaethol Cymru. Nid
yw hi'n syndod, felly, bod cyhoeddiadau cynnar y Wasg yn
adlewyrchu gobaith am gyfrannu 'at ddatblygiad astudiaethau
Cymreig, ynghyd ag at ddealltwriaeth o ddiwylliant, hanes, iaith
ac etifeddiaeth unigryw Cymru'.[3]

Gyda chanrif o gyhoeddi y tu cefn iddi, a'i stordy wedi
chwyddo i ddal dros 3,500 o deitlau, da yw nodi, er i feysydd
ei diddordeb dyfu, bod yr amcanion sylfaenol hynny'n parhau
hyd heddiw. Ac yn y cyfarfod hwnnw yn ffrâm un o ffenestri'r
we (oedd, roedd hi'n ganol pandemig), er mai gwahoddiad
go benagored a ddaeth i lunio cyfrol i ddathlu'r canmlwydd,
roedd swyddogion y Wasg yn glir y dylai'r comisiwn glymu yn
y gwreiddiau hyn mewn rhyw fodd neu'i gilydd, yn ddelfrydol
gan ymdrin â'r iaith Gymraeg.

Cyn i'r cyfeillion ddiflannu o rithfyd y sgrin, teimlais gosi hen chwilen yn fy mhen. Roedd ei choesau bach didrugaredd yn prysur grafu cwestiwn amhosib mewn graffiti mân yn fy meddwl, 'Ond beth, tybed, yw iaith; yr iaith Gymraeg, ie, ac iaith yn gyffredinol?'. A dyma benderfynu, yn y fan a'r lle, y byddwn yn derbyn y gwahoddiad yn llawen, a thrwy hynny'n achub ar gyfle i roi rhyw ddeugain mil o eiriau ar waith yn ymosod ar Feistres Chwilen. Hi a'i phoenydio! Byddwn yn chwalu fy chwilfrydedd fy hunan drwy geisio atebion i'r cwestiwn oesol hwn, nid o du'r gwyddonwyr na'r ieithegwyr, na'r anthropolegwyr, na'r cymdeithasegwyr, na'r addysgwyr, na gwybodusion y damcaniaethau esblygu, na hyd yn oed yr athronwyr (er y gwyddwn eisoes y byddai cau'r drws yn glep arnynt hwythau'n amhosib), ac y byddwn yn troi yn hytrach at y llenorion, a'r beirdd yn benodol. Sut y maen nhw wedi dychmygu iaith ar hyd y canrifoedd, a beth y gellid ei ddysgu am iaith drwy graffu ar y delweddau, y cymariaethau, y cyffelybiaethau, y trosiadau a'r trawsenwau a ddefnyddiwyd ganddynt wrth ei thrin a'i thrafod?

Oedwch am eiliad. Ewch i ffeiliau'r cof. Byseddwch y rhai a gedwir o dan label 'Barddoniaeth'. Estynnwch am unrhyw linell sy'n sôn am 'iaith'. Mae'r dewis yn eang. Efallai ichi daro ar 'Etifeddiaeth', Gerallt Lloyd Owen,[4] a chael mai 'grym anniddig ar y mynyddoedd' ydyw iaith; neu ar 'Cymru a Chymraeg', Waldo Williams, a chael mai 'merch perygl' ydyw.[5] Efallai ichi dynnu un o sonedau T. H. Parry-Williams a'i chanfod 'fel jŵg ar seld';[6] neu gyrraedd Gwyneth Lewis a'i llofruddiodd am ei bod yn 'ddynes anodd'.[7] Tybed ai Tecwyn Ifan oedd y cyntaf o fewn eich gafael, ac mai fel 'hen wraig ar ffo' sy'n 'dal i gerdded 'mlaen' y cawsoch chi hi?[8] Neu a lithrodd eich bysedd o 'Barddoniaeth' i 'Ysgrifau' a chael gan Saunders Lewis mai 'trysor ysbrydol ein cymdeithas' ydyw?[9]

Os ydych chi'n hoffi ymhel â llenyddiaeth mewn ieithoedd eraill wedyn, efallai ichi gydio yn ffeil drwchus y Basgwr, Miguel de Unamuno, a ysgrifennai yn Sbaeneg ac a welodd iaith fel 'gwaed fy enaid'.[10] A byddai hi'n anodd i chi osgoi ffeil dew Goethe, yr Almaenwr toreithiog. Wrth ymbalfalu â thrwch y papurau o dan ei enw ef, byddai tynnu un dyfyniad yn unig yn dipyn o gamp, ac efallai ichi losgi eich llaw ar eiriau Meffistoffeles yn y pentwr, sy'n dweud yn dwyllodrus mai 'anadl y nefoedd' yw iaith.[11] Tybed a welsoch chi ffeiliau'n dwyn enwau Nuala Ní Dhomhnaill, Rosalía de Castro, Kendel Hippolyte, Maxamed Xaashi Dhamac 'Gaarriye' ...? Mae'r dibendrawdod yn ddigon i ddrysu rhywun!

Heb os, gallai pob un ohonom ddethol cynnwys tra gwahanol ar gyfer llyfr ar y pwnc hwn, cymaint yw ei hyd a'i led. Y syndod, efallai, yn ein cyd-destun Cymraeg a Chymreig ni, cyd-destun lle mae trin a thrafod iaith yn rhan o'n sgwrsio beunyddiol, yw nad ydym wedi dilyn yr union drywydd hwn o'r blaen. Yr un yw'r diffyg y tu hwnt i Gymru hefyd o ran hynny, hyd y gwelaf. Er bod digon o astudiaethau wedi archwilio delweddaeth llenorion *drwy* ac *mewn* iaith, hynny yw, y modd y defnyddiant iaith i greu delweddau, nid felly'r astudiaethau sydd wedi archwilio'r ddelweddaeth *am* iaith ei hunan. Eithriad prin yw llyfr Kathy Cawsey, *Images of Language in Middle English Vernacular Writings*, sydd, fel y mae'r teitl yn ei awgrymu, yn astudiaeth ar un gornel benodol iawn o'r maes.[12] Mae gwaith Jed Rasula a Steve McCaffery wedyn, *Imagining Language*,[13] er ei fod yn eang ei gwmpas, yn ymddiddori mwy yn y modd y mae beirdd wedi ymdrin ag iaith yn arbrofol a dychmygus yn hytrach nag yn yr hyn sydd ganddynt i'w ddweud am iaith fel y cyfryw. Felly, er eu bod yn rhannu teitlau tebyg, nid yw'r gyfrol ddathlu hon a chyfrol Rasula a McCaffery yn rhannu'r un cynnwys.

Gobaith ein llyfr ni felly yw torri cwys newydd ar faes yr hen gwestiwn, a gwneud hynny gan ystyried esiamplau sy'n cwmpasu ieithoedd o dan fygythiad ochr yn ochr â rhai sicr eu statws. Drwy hyn, a thrwy gynnig cyfieithiadau o rai o'r cerddi a drafodir, cais aros yn deyrngar i agwedd bwysig arall ar genhadaeth gynnar y Wasg, sef hwyluso yng Nghymru, ac yn y Gymraeg, werthfawrogiad o ddiwylliannau'r byd y tu hwnt i Gymru. (Gwelwyd y bwriad hwn ar hyd y degawdau yn y modd y cyhoeddodd gyfieithiadau i'r Gymraeg o ieithoedd eraill, yn arbennig felly drwy gyfrwng y ddwy gyfres ddrama, Cyfres y Ddrama yn Ewrop,[14] a Chyfres Dramâu'r Byd.[15] Ac mor gynnar â 1939, roedd ganddi fwriad i atgyfodi ymdrechion Cyfres y Werin a oedd, yn ei dydd, wedi trosi gweithiau gan rai fel Ibsen, Descartes a Schiller, er y bu'n rhaid oedi tan 1950 oherwydd y rhyfel cyn gwireddu'r cynllun.)[16] At hyn, er mwyn ceisio llunio rhywbeth sy'n gydnaws ag ysbryd dathliad, cynigir y gyfrol fel 'antholeg' a 'myfyrdod' yn hytrach nag 'astudiaeth' fel y cyfryw, gan gadw'r ymchwilio manwl at eto, pan fydd, gyda lwc, dîm wedi dod ynghyd yn barod i weithio'r gŵys a lledu'r maes.

O ran trefn, yn y bennod gyntaf, gwyntyllir y cwestiwn: 'Beth yw iaith?' gan adeiladu ar rai o'r syniadau a gyflwynais eisoes mewn ysgrifau diweddar i *O'r Pedwar Gwynt*[17] ac *Y Gynghanedd Heddiw*.[18] Bydd y bennod yn awgrymu helaethder y maes ac, o raid, yn oedi gyda'r athronwyr. Fydd hi ddim yn cynnig ateb. Ac os nad oes gennych amynedd at ddadleuon heb ddatrysiad, neidiwch i'r ail bennod, lle bydd y sylw'n troi at waith gan feirdd o Gymru. Bydd rhai esiamplau'n dod o gerddi a fydd yn hen gyfarwydd i chi, a rhai o weithiau newydd sbon.

Ym mhenodau 3–11 wedyn, edrychir ar waith beirdd o wahanol ardaloedd yn y byd. Chwaeth a gwybodaeth bersonol, wrth reswm, sydd wedi arwain at y dewis. Dyma paham y mae cryn sôn am waith beirdd ardaloedd lle siaredir Sbaeneg a'i chwaer-ieithoedd, un bennod lawn am feirdd Iwerddon, ac un am fardd o'r Almaen hefyd. Wedi pendroni, trefnwyd y cynnwys yn ôl pellter 'bardd y bennod' o'm desg ysgrifennu yn Aberystwyth, a hynny fel yr hed y frân. Ar ddechrau pob pennod mae cerdd yn ymddangos yn ei hiaith wreiddiol, a hon fydd yn cael y prif sylw yn nes ymlaen yn y bennod honno. Yng nghorff y bennod bydd ychydig o gyd-destun bardd y gerdd, yn bennaf o safbwynt ieithyddol. Ar ddiwedd y bennod, cynigir y gerdd mewn cyfieithiad i'r Gymraeg, gydag ambell nodyn am yr heriau cyfieithu lle bo hynny'n berthnasol. Rhwng y penodau i gyd cawn deithio cyfandiroedd America, Asia, Affrica ac Ewrop, a'r gobaith yw bod y cyfan ynghyd yn cynnig digon o amrywiaeth i roi awgrym i chi o sut y mae'r dychymyg barddol wedi amgyffred iaith, a'ch sbarduno, efallai, i ychwanegu eich esiamplau eich hunan at y casgliad. Ar ôl pennod deuddeg, sy'n cynnig ambell sylw i gloi, ceir atodiad o gerddi a gomisiynwyd yn 2020 ar gyfer cynhadledd o dan arweiniad Cymdeithas Ddysgedig Cymru, 'Trwy Brism Iaith'.[19]

Cyn troi at hyn oll, dylwn gynnig dau ôl-nodyn, y naill rhag codi gwrychyn, a'r llall er mwyn codi cywreinrwydd. Yn gyntaf, dylwn esbonio y cedwir orgraff y dyfyniadau gwreiddiol, boed yn 'daiar' neu'n 'boreu' ac yn y blaen, gan ddefnyddio'r '[sic]' cyn lleied â phosib. Yn ail, dylwn nodi fy mod ar y cyfan wedi trosi dyfyniadau'r ieithoedd tramor (a rhai o'r Saesneg) i'r Gymraeg, ond mae'r ôl-nodiadau'n arwain at y ffynonellau gwreiddiol, pe byddech chi'n dymuno mwynhau'r blas estron yn llawn.

Ymlaen â ni, felly. Mae'r athronwyr yn disgwyl amdanom ...

Nodiadau

1 *www.gwasgprifysgolcymru.org.*
2 *www.gwasgprifysgolcymru.org/amdanom/hanes-y-wasg.*
3 Ibid.
4 Gerallt Lloyd Owen, 'Etifeddiaeth', yn *Cerddi'r Cywilydd*, argraffiad newydd (Caernarfon: Gwasg Gwynedd, 1990), t. 11.
5 Waldo Williams, 'Cymru a Chymraeg', yn *Dail Pren*, gol. Mererid Hopwood (Llandysul: Gwasg Gomer, 2010), t. 84.
6 T. H. Parry-Williams, 'Cyngor', yn *Detholiad o Gerddi*, ailargraffiad (Llandysul: Gwasg Gomer, 1976), t. 100.
7 Gwyneth Lewis, *Y Llofrudd Iaith* (Llandybïe: Cyhoeddiadau Barddas, 1999), t. 7.
8 Tecwyn Ifan, 'Cerdded 'Mlaen', yn *Caneuon Tecwyn Ifan*, ailargraffiad (Talybont: Lolfa, 2012), t. 8.
9 Saunders Lewis, 'Ein Hiaith a'n Tir', yn *Ati Wŷr Ifanc* (Caerdydd/Pen-y-bont ar Ogwr: Gwasg Prifysgol Cymru, 1986), t. 71.
10 Miguel de Unamuno, 'La sangre del espíritu', yn Manuel García Blanco (gol.), *Miguel de Unamuno, Obras Completas*, 9 cyfrol (Madrid: Escelicer, 1966–71), VI (1969), t. 375.
11 Johann Wolfgang von Goethe, 'Etymologie', yn *Goethes Sämtliche Werke, Jubiläums-Ausgabe* (Stuttgart a Berlin: J. G. Gotta'sche, 1902–12), 40 cyfrol, II, t. 180.
12 Kathy Cawsey, *Images of Language in Middle English Vernacular Writings* (Caergrawnt: D. S. Brewer, 2020).
13 Jed Rasula a Steve McCaffery (goln), *Imagining Language: An Anthology* (Caergrawnt, Massachusetts: MIT Press, 1998).
14 *Cyfres y Ddrama yn Ewrop*, a ddatblygwyd yn y 1960au gan Wasg Prifysgol Cymru.
15 *Cyfres Dramâu'r Byd* (1969–91), prif olygydd Gwyn Thomas, Gwasg Prifysgol Cymru.
16 *Cyfres y Werin*, a gyhoeddwyd yn gyntaf gan yr Educational Publishing Company, ac yna gan Hughes a'i Fab.
17 Mererid Hopwood, 'Doethineb Iaith', yn *O'r Pedwar Gwynt* (Haf 2019), 11–14.
18 Mererid Hopwood, 'Iaith cynghanedd: "iaith ryfeddol yw hon"', yn Aneirin Karadog ac Eurig Salisbury (goln), *Y Gynghanedd Heddiw* (Talybont: Cyhoeddiadau Barddas, 2020), tt. 78–90.
19 *www.cymdeithasddysgedig.cymru/ieithoedd/trwy-brism-iaith-2.*

Preswylfa ein bod

Preswylfa ein bod

Beth yw iaith?[1]

Beth rydych chi'n ei weld pan fyddwch chi'n clywed y gair 'iaith'? Os yw geiriau'n finiog, oes gan iaith gyllell? Os yw cyfarchiad yn flodeuog, ai gardd yw iaith? Os yw sylw'n grafog, oes ganddi ewinedd? Neu os yw'n bigog, ai draenog yw hi?[2]

Mentraf ddatgan mai un o aelodau mwyaf gwerthfawr teulu Gwasg Prifysgol Cymru yw'r Geiriadur.[3] Trowch at G–LLYYS, yr ail gyfrol, a chwiliwch am 'iaith', ac ymbaratowch am ysbaid dda o bensynnu. Y cynnig cyntaf ganddo yw: 'Cyfangorff y geiriau a arferir gan genedl (pobl, cymuned &c.) neilltuol, ynghyd â'r dulliau o'u cyfuno, wrth siarad neu wrth ysgrifennu, i fynegi syniadau, teimladau, anghenion, &c.'.[4] Ac wedi ymhelaethu ar ystyron sy'n perthyn i'r syniad hwn, aiff yn ei flaen i gynnig ail ystyr. Yma, dysgwn fod 'iaith' hefyd yn gallu golygu '[c]orff o bobl sy'n siarad yr un iaith, pobl, cenedl, tylwyth'.[5] Hynny yw, cyfeiria'r gair 'iaith' nid yn unig at y geiriau a siaredir gan bobl neilltuol, ond hefyd at y bobl neilltuol ei hunan. Trowch drachefn at y Geiriadur, y tro yma at y gyfrol gyntaf, yr A–FFYSUR, ac yna'r olaf, yr S–ZWINGLIAID, a darllenwch am 'Cymraeg' yn y naill, a 'Siarad' yn y llall, ac ildiwch dalpyn arall o amser ar adain difyrrwch. Pwy na chawsai ei swyno gan fiwsig ymadroddion pert fel 'Cymraeg cerrig calch'[6] neu 'siarad siprys'[7] – y ddau fel mae'n digwydd yn cyfeirio'n fras at fratiaith?

Fodd bynnag, er bod, yn eu cwest am 'ystyr', orgyffwrdd cyfoethog ar un olwg rhwng disgyblaethau'r geiriadurwyr a'r athronwyr, nid yr un ydynt. Ac addewais mai'r athronwyr a fyddai'n hawlio'r bennod hon – y rhai hynny sydd wedi craffu ar iaith –

ac y byddem yn rhoi sylw i'r delweddau a ddychmygwyd ganddynt wrth iddynt gyfleu eu syniadaeth. Cadwaf at fy ngair, o leiaf hyd at y paragraffau olaf. Oherwydd tybiais y dylid oedi fymryn i holi hefyd 'beth yw delwedd?', gan osod ger bron felly stondinau dwy brif elfen ein hymchwil, sef 'iaith' a 'delwedd', cyn mynd ati yn y penodau dilynol i edrych ar y modd y mae rhai o feirdd Cymru a'r byd wedi dychmygu iaith.

Ond, cyn camu drwy gil drws yr athronwyr, gair am deitl y bennod: 'preswylfa ein bod'. Dwyn delwedd gan Martin Heidegger a wnes i fan hyn, a hynny fel y'i cyfieithwyd gan Ned Thomas. Pam Heidegger? A pham y ddelwedd hon? Wedi'r cytan, fel y gwelwn isod, mae'r athronwyr Almaeneg a'u delweddau am iaith yn helaeth. Tardd yr ateb yn nau gymal nesaf y dyfyniad, lle mae Heidegger yn gosod y 'beirdd a'r athronwyr' fel 'cyd-warchodwyr' y breswylfa ryfeddol hon. I rywun sydd eisoes wedi mentro i fyd y beirdd ond fawr ddim i fyd yr athronwyr, mae'r cyfosod yn cynnig rhyw hwb bach felly i siawnsio pennod gyfan yn eu cwmni.[8]

Rhybudd: awgrymais eisoes yn y Cyflwyniad nad pennod i'r gwangalon mo hon, a rhybuddiaf eto, os ydych am osgoi crychu talcen yn ormodol, neidiwch, da chi, i'r ail bennod.

Athroniaeth Iaith: o Aberhonddu i Berlin

I'r darllenwyr sydd wedi aros, dyma droi'n gyntaf at erthygl sy'n dwyn teitl addawol, 'Athroniaeth Iaith'. Ymddangosodd yn *Y Beirniad* ym mis Hydref 1864, ac fe'i lluniwyd, fwy na thebyg, gan William Roberts, Athro Ieithoedd Coleg Aberhonddu.[9] Fe'i cyflwynir fel adolygiad o lyfr dylanwadol Max Müller, *Lectures on The Science of Language*, 1861.[10] Ffilolegydd o Berlin oedd Müller (a gyda llaw, bydd unrhyw un sydd wedi dilyn cystadleuaeth *Lieder* yr Eisteddfod Genedlaethol yn hen gyfarwydd â gwaith tad yr awdur hwn, oherwydd yntau, Wilhelm Müller, yw awdur geiriau rhai o *Lieder* enwog Schubert, a'r 'Winterreise' yn eu plith). Dywedais 'adolygiad'. Mae hynny efallai'n gamarweiniol, oherwydd buan y daw'n amlwg nad tafoli'r llyfr gwreiddiol a wna'r 'adolygydd', yn hytrach ei ddefnyddio fel esgus i drafod rhai syniadau sy'n mynd â'i fryd. Materion yw'r rhain megis sut y cychwynnodd iaith, sut y mae iaith yn newid, gwreiddeiriau a thylwythau iaith, gramadeg iaith, hanes astudiaeth iaith ac athroniaeth iaith. Y pwnc olaf hwn, fel y mae teitl yr erthygl yn ei awgrymu, yw ei bennaf ddiddordeb. Rhyfedda at ba mor ifanc yw'r ddisgyblaeth, gan nodi'n syn, er bod 'pawb yn ymborthi' ar ffrwyth iaith 'ac yn mwynhau ei fendithion, eto ieuanc a mabanaidd ydyw ei hathroniaeth hyd yn hyn'.[11] Gan gyfeirio at iaith ei hunan wedyn, aiff yn ei flaen i synnu ymhellach 'na fuasai, a hithau mewn arferiad cyffredinol a chyson, wedi tynnu sylw yn foreu yn hanes y byd'.[12]

Yn hyn o beth, ysywaeth, nid yn unig y mae'n cyfeiliorni, ond y mae hefyd yn gwrth-ddweud ei hunan. Bu athronwyr yr oesoedd yn ymholi ynghylch natur iaith. Ystyriwch y sgwrs rhwng Cratylus a Hermogenes yng ngwaith Platon;[13] neu beth am fyfyrdod Aristoteles yn *Ynghylch Dehongli*?[14] Roedd iaith hefyd yn codi ei phen mewn agweddau ar faes llafur y Soffyddion, gyda phynciau fel ontoleg, semanteg a rhethreg yn fara menyn iddynt. Ac fel yr awgrymais, y mae'r adolygydd yn mynd yn groes i'w honiad ei hunan cyn diwedd ei erthygl wrth nodi bod y Groegiaid wedi holi '"Beth yw iaith" yn llawn mor gynnar â "Beth wyf fi" a "Beth yw yr holl fyd o'm cylch"'.[15] Mae'n cydnabod ymhellach y modd y bu iaith yn tynnu sylw eraill hefyd 'yn foreu', a Brahminiaid India yn eu plith, rhai a ystyriai iaith fel 'y brif dduwies' cyn iddynt 'ddod o'r pang hwn o or-edmygedd' (a chyda'r geiriau cellweirus hyn, mae'n cyfieithu llyfr gwreiddiol Müller yn uniongyrchol).[16]

Ymddengys ei fod wedyn yn diystyru'r neb a athronyddodd erioed ynghylch iaith, gan wibio heibio i griw mawr yr ail ganrif ar bymtheg, cyn glanio ar droad y bedwaredd ganrif ar bymtheg, lle mae'n honni canfod dechreuadau'r ddysgeidiaeth.[17] Yn ei dyb ef, o holl 'ddarganfyddiadau buddiol' y ganrif honno, darganfyddiadau athroniaeth iaith yw'r peth o'r 'pwys a dyddordeb' mwyaf.[18] Gallwn ddyfalu felly y byddai wedi bod wrth ei fodd yn profi 'troadau ieithyddol' yr ugeinfed ganrif, lle gwelwyd yr athronwyr am y gorau'n rhoi mwy a mwy o bwysigrwydd i iaith.[19] Er, tebyg iawn y byddai wedi ei siomi na wnaeth eu hathronyddu nhw gadarnhau fersiwn y Beibl o bethau. Wedi'r cyfan, yr oedd ein hadolygydd ni'n sicr y byddai llewyrch 'Gwyddoniaeth Iaith' yn y dyfodol yn tystiolaethu o blaid 'yr hanes ysgrythyrol am greadigaeth ein cynrieni' a dangos 'gwirionedd geiriau yr Hen Lyfr – "A'r holl ddaiar ydoedd o un iaith, ac un ymadrodd"'.[20] Ond, fel y gwyddom, nid felly y bu.

Er difyrred yw erthygl *Y Beirniad* (ac mae'n werth ei darllen pe bai ond am y sylwadau craff sydd ynddi am sut y mae plant yn dylanwadu ar ddatblygiad iaith oedolion), y cyfeiriad at syniad y Brahminiaid am iaith fel 'duwies' yw'r unig un sy'n cynnig delwedd inni.[21] Ble mae'r delweddau trawiadol y mae rhywun wedi arfer eu gweld yng nghwmni'r athronwyr iaith, tybed – rhai fel Humboldt, er enghraifft, sy'n gweld iaith fel 'gwe ryfeddol, symbolaidd'?[22] Roedd yr erthygl yn rhy gynnar i sôn am Heidegger a 'phreswylfa bod' ein teitl,[23] na chwaith am Wittgenstein (gyda'r mwyaf toreithiog ohonynt i gyd, o bosibl), a awgrymodd yn ei waith cynnar mai dillad i'n meddyliau yw iaith, cyn newid ei feddwl fel y gwelwn yn nes ymlaen.[24]

Ond dyna dri a fu'n athronyddu yn yr Almaeneg. Beth ynteu am yr athronwyr a fu'n ymdrin ag iaith drwy gyfrwng y Gymraeg? Gwaetha'r modd, gwelwn nad awn ni ymhell iawn ar daith y delweddau yng nghwmni'r rhain, a hynny am fod cyn lleied ohonynt – er syndod, mae'n debyg, o gofio'r holl drin a thrafod sydd ar iaith yng Nghymru.

Chwilio am ddelweddau'r athronwyr Cymraeg

Ym 1890, yn *Yr Athronydd Cymreig*, ceir erthygl fer am 'Athroniaeth Iaith' sydd yn anad dim yn crynhoi syniadau'r dydd ynghylch tarddiad iaith, heb gynnig unrhyw ddamcaniaeth wreiddiol.[25]

O ran delweddau, portreadir iaith fel 'cyfrwng i drosglwyddo meddyliau' ac fel 'y moddion goraf i ddeall gweithrediadau y meddwl dynol a dwyfol'.[26] Yna, gan neidio gan mlynedd, wrth grynhoi sefyllfa 'Athroniaeth yng Nghymru'r Ugeinfed Ganrif', mae'n rhaid i W. J. Rees ddatgan mai '[c]ymharol brin fu'r drafodaeth ar ... athroniaeth iaith'.[27] Ac wrth restru prif erthyglau *Efrydiau Athronyddol* rhwng 1938 a 1992, gwelwn chwech yn unig o dan gategori 'Athroniaeth Iaith'.[28] Yn eu plith y mae gwaith gan dri Glyn – Glyn Williams, Glyn Lewis a Glyn Tegai Hughes – ac yn y paragraff nesaf ceisiaf roi blas ar eu cyfraniadau, er nad oes lle i fwynhau loetran gyda nhw'n hir.

Mae Glyn Williams, yn ei erthygl ym 1988, yn mynd i'r afael â gwaith Michel Foucault, gan ein herio i feddwl fel hyn: 'Nid oes dim gwybodaeth y tu allan i ddisgwrs ac nid oes 'run disgwrs tu allan i iaith'.[29] Pwyso a mesur gwahanol agweddau Lewis Edwards ac Emrys ap Iwan tuag at iaith a wna Glyn Lewis, gan osod y naill yng nghwmni'r Rhesymolwyr a'r llall gyda'r Rhamantwyr.[30] Mae'n tynnu sylw at y modd y mae'r ddau'n defnyddio delwedd y dillad (delwedd a welsom eisoes gan Wittgenstein). Dywed Lewis Edwards nad 'gwisgoedd y meddwl yw geiriau ond y corff, heb yr hwn nis gall y meddwl hanfodi yn y fuchedd hon'.[31] Dywed Emrys ap Iwan nad 'gwisg yn hongian yn llac am y meddwl ydyw iaith briodol, ond corff wedi ei gyd-genhedlu ag ef – corff ysbrydol tryloyw sy'n gwasanaethu yn unig i roi ffurf ar y dyn oddi mewn, ac nid i'w guddio na'i addurno chwaith'.[32] Er tebyced yw'r ddau ddatganiad ar un olwg, o graffu, gwelwn fod ap Iwan yn rhoi dilledyn o wead tipyn tynnach a mwy swmpus o'n blaenau. Yr iaith ei hunan yw'r wisg a gawn ganddo yntau, nid geiriau. Mae'n wisg sy'n dynn amdanom, bron fel croen; ac yn nes ymlaen yn yr erthygl, mae Glyn Lewis yn crisialu sylwadau ap Iwan fel hyn: '[n]id cyfrwng mecanyddol i ddatgan teimladau neu i fynegi syniadau yn unig yw iaith ond elfen greadigol yn effeithio ar bersonoliaeth dyn'.[33] Mae'r trydydd Glyn, Glyn Tegai Hughes, yn olrhain cysylltiad iaith â'r ymwybyddiaeth genedlaethol, gan ddadlau bod modd gweld iaith fel elfen sydd yn ein gwaed ac yn ein hesgyrn, ac fel y cyfrwng 'sy'n creu cysylltiadau cudd y cof'; yn hyn o beth, mae iaith yn 'ystordy profiadau oes i lawer ohonom', ac yn 'rhan o'n henaid'.[34]

Ond, o blith y criw dethol o athronwyr Cymraeg sydd wedi ymboeni ynghylch natur iaith, un ffigwr amlwg yw Dewi Z. Phillips. Mewn erthygl sydd, yn y bôn, yn cynnig ple dros roi parch i'r iaith Gymraeg yng nghyfundrefn Addysg Uwch Cymru, mae Dewi Z. yn gofyn 'Pam Achub Iaith?',[35] ac ymhen dim mae wedi troi at ei delweddu, wrth iddo ei chyffelybu â chyfrwng oddi mewn i'r hwn yr ydym 'yn byw, yn symud, ac yn bod'.[36] Datblygir ei ddadl drwy osod damcaniaeth Locke ochr yn ochr â damcaniaeth Wittgenstein (ac mae'n werth nodi'r dilyniant fan hyn gyda Wittgenstein yn athro ar Rush Rhees, a Rhees, fel arweinydd Ysgol Abertawe, yn athro ar Dewi Z.). Damcaniaeth Locke yw bod syniadau'n rhagflaenu iaith, ac mai swyddogaeth iaith felly yw trosglwyddo'r syniadau hynny. Damcaniaeth Wittgenstein yw bod angen dychmygu iaith fel 'ffurf ar fyw'.[37] Os yw Locke yn gywir, med Dewi Z., ac 'os unig swyddogaeth iaith yw bod yn gyfrwng trosglwyddo ystyron sydd yn annibynnol arni, nid yw colli iaith o unrhyw bwys, oherwydd gellid cael unrhyw iaith arall i drosglwyddo'r un ystyron'.[38] Ar y llaw arall, os yw Wittgenstein yn gywir, mae colli iaith yn fater o'r pwys mwyaf. Mae'n fater o fywyd a marwolaeth. Gyda Wittgenstein y saif Dewi Z. gan egluro bod 'ffurf ar fyw' yn golygu 'diwylliant', a bod ieithoedd gwahanol 'yn cynrychioli diwylliannau gwahanol, ffurfiau ar fyw gwahanol'.[39] Os gall iaith fyw, gall hefyd farw, a chyda hi, felly, ddiwylliant cyfan. Diddorol yw nodi fan hyn nad yw'r erthygl honno gan yr adolygydd o Aberhonddu yn *Y Beirniad* yn cyfeirio o gwbl at farwolaeth iaith. Byddai'n rhaid aros tan 1891 i gael cyfrifiad a oedd yn holi'n benodol am hyfedredd ieithyddol yr ymatebwyr – a thrwy hynny, mae'n debyg, allu dechrau mesur cwymp yr iaith. Eto i gyd, dros y penodau nesaf, byddwn yn gweld sut y mae'r ddelwedd o iaith fel rhywbeth byw, a mwy na hynny, fel rhywbeth sydd mewn perygl o golli ei bywyd, wedi ei gwreiddio'n ddwfn yn nychymyg sawl bardd ... Ond tro'r athronwyr yw hi.

Croeswn felly o Dewi Z. at athronydd arall o Gymro, D. J. Griffiths, ac wrth wneud hyn, cawn fod y Wittgenstein a ysbrydolodd Dewi Z. yn cynnig pont. Pont! Anodd yngan enw 'Wittgenstein' a'r gair 'pont' yn yr un gwynt heb ddwyn i gof bont Llandeilo'r Ynys, Nantgaredig, a'r tro trwstan hwnnw pan arestiwyd yr athrylith o athronydd Awstriaidd ar gam gan blismon drwgdybus o Gymru yn y dyddiau du wedi'r Ail Ryfel Byd. (Darllened cerdd Eirian Davies, 'Wittgenstein', os oes awydd gwybod rhagor am yr helbul truenus.)[40] Am y tro, rhown yr embaras o'r neilltu, a chofio yn hytrach am un o ddelweddau enwocaf Wittgenstein am iaith, sef yr un sy'n gosod ffiniau iaith yn gyfystyr â ffiniau ein byd.[41] Mae hyn yn awgrymu cysylltiad agos rhwng yr iaith a'r meddwl, wrth fynnu bod ein gallu i ddirnad y byd o'n cwmpas wedi ei bennu gan yr iaith a siaradwn. Yn hyn o beth mae iaith yn *creu* yn hytrach na *disgrifio*.

Ymdrin â'r ddau ganfyddiad hyn ynghylch natur iaith y mae erthygl D. J. Griffiths, 'Dehongliad Idealistig o Iaith'.[42] Ynddi mae'n gwahaniaethu rhwng athroniaeth y 'Dirweddwyr' (neu'r 'Realyddion') sy'n gweld iaith yn rhywbeth sy'n disgrifio'r byd, a'r 'Idealyddion' sy'n gweld iaith yn rhywbeth a all drawsffurfio'r byd yr ydym yn byw ynddo. Cyffelyba iaith â'r synhwyrau, gan esbonio bod dirnad y byd drwy ein synhwyrau yn debyg i edrych ar ddarlun drwy wydr amherffaith, lle mae'r gwydr ei hunan yn trawsffurfio'r llun.[43] Wrth ddatblygu'r syniad hwn ymhellach, dyma ychwanegu delwedd arall at ein casgliad wrth i D. J. Griffiths weld iaith fel 'prism'.[44] Cymryd ffordd ganol a wna athronydd arall o Gymro wedyn, J. L. Evans, yn 'Empeiraeth ac Ystyr',[45] lle mae'n collfarnu'r rhai sy'n delweddu iaith mewn modd gor-syml fel 'darlun neu gopi o'r real'; ond lle, gan gyflwyno delwedd newydd, mae'n collfarnu hefyd y rhai sy'n 'trin iaith fel dim ond calcwlws' ac yn 'ysgaru iaith a'r real yn gyfan gwbl'.[46]

Un arall sydd wedi ysgrifennu yn y Gymraeg am natur iaith yw Bobi Jones (R. M. Jones fel y'i hadwaenir yn y cyd-destun hwn). Er mai fel ieithydd yr ymdrin ef â hi'n bennaf, cwyd cwestiynau athronyddol yn ei drafodaeth. O dan ddylanwad y ffilolegydd Gustave Guillaume, esbonia R. M. Jones yn *Dysgu Cyfansawdd* sut y gwêl yntau hefyd fod dwy wedd sylfaenol ar iaith.[47] 'Tafod' a 'Mynegiant' yw'r ddau air a ddefnyddia i gyfeirio atynt, a hynny, yn ei eiriau ei hun, 'yn drosiadol'.[48] Delwedd yw 'Tafod' felly ar gyfer 'mecanwaith esgorol' iaith, hynny yw, potensial iaith i gynhyrchu brawddegau. Cyfeiria 'Mynegiant' wedyn at y brawddegau sy'n gynnyrch 'Tafod'.[49]

Hyd yn hyn, cawsom gwmni llond dwrn o feddylwyr sydd wedi lled-drafod athroniaeth iaith yn y Gymraeg yn y bedwaredd ganrif ar bymtheg a'r ugeinfed ganrif. Ond, ar y cyfan, prin yw'r deunydd. Cyrhaeddwn yr unfed ganrif ar hugain, a gweld cyhoeddi cyfrol werthfawr yng nghyfres 'Astudiaethau Athronyddol', sef *Hawliau Iaith: Cyfrol deyrnged i Merêd*.[50] Ynddi mae Huw Williams yn trafod yn ddeheuig 'Athroniaeth a'r Iaith Gymraeg'. Fodd bynnag, sylwch ar yr 'a'. Er bod yr erthygl dreiddgar yn cyffwrdd yn ein maes hwnt ac yma, nid yw 'athroniaeth *ac* iaith', yr un peth ag 'athroniaeth iaith.[51] Ned Thomas yw'r awdur sy'n gafael yn y gwrthrych, megis, ac yn rhoi cyflwyniad gwreiddiol a Chymreig inni i Heidegger, un o'r athronwyr iaith mwyaf nodedig.[52] Yna, yng nghanol yr ymdrin â meddyliau'r Almaenwr dadleuol hwn, cawn gyfeiriad at un ddelwedd o iaith gan Gymro, sef Gwalchmai (yn ôl pob tebyg), sy'n ei gweld fel 'Rhodd uniongyrchol o'r nef'.[53] Ac mae'n ddiddorol nodi bod Ned Thomas yn cadarnhau — er bod tipyn o drafod am 'wleidyddiaeth iaith a chymdeithaseg iaith a pholisïau iaith' yng Nghymru — bod 'athroniaeth iaith yn reit brin'.

Cyfrol arall a welodd olau dydd yn y ganrif hon yw'r e-lyfr *Cyflwyniad i ieithyddiaeth*.[54] Dyma gaffaeliad heb os i faes astudiaethau iaith yn y Gymraeg, ond nid athroniaeth mo ieithyddiaeth. Gan hynny, da gweld traethawd doethuriaeth

Rhianwen Daniel ar berthynoledd iaith a'i goblygiadau gwleidyddol yn cael ei gymeradwyo. Dyma gyfraniad cyfoes a gwerthfawr sy'n llenwi cryn fwlch.[55]

Cymorth o Québec

Am y tro, er mwyn cael triniaeth lawn a diweddar o'r pegynnu y cyfeirir ato yng ngwaith Dewi Z. Phillips, D. J. Griffiths a J. L. Evans uchod, rhaid argymell pori yng ngwaith rhywun megis Charles Taylor, yr athronydd dwyieithog o Québec, a'i lyfr swmpus a dadlennol, *The Language Animal*.[56] Rhanna Taylor yntau'r athronwyr yn ddwy garfan. Gesyd yn y naill ddilynwyr Hobbes, Locke a Condillac (yr HLCs fel y'u gelwir ganddo) ac yn y llall ddilynwyr Hamann, Herder a Wilhelm von Humboldt (yr HHHs). Cefais gyfle eisoes i grynhoi rhai o'i esboniadau yn *Y Gynghanedd Heddiw*.[57] Digon yw crybwyll fan hyn fod Taylor yn nodi sut y mae'r HLCs yn gweld iaith fel rhywbeth sy'n debyg i ffrâm a osodir o gwmpas holl briodoleddau'r ddynolryw, lle mae'r priodoleddau hyn yn bodoli yn annibynnol ar iaith; lle mae'r iaith, os mynnwch chi, y tu allan, a'r priodoleddau y tu mewn.[58] (Y rhain yw'r 'Dirweddwyr', o fabwysiadu geirfa D. J. Griffiths; neu, yn nhermau Dewi Z., y rhai sy'n gweld iaith fel dull o drosglwyddo syniadau yn unig.) Wrth droi at yr HHHs fodd bynnag, esbonia Taylor eu bod yn gweld iaith fel rhywbeth cwbl wahanol. I'r garfan hon, mae iaith ar y tu mewn, yn briodoledd ynddi hi ei hunan, yn bodoli ochr yn ochr â holl briodoleddau'r ddynolryw, ac, yn fwy na hynny, yn newid y priodoleddau hyn ac yn peri i agweddau newydd arnynt fod yn bosibl. (A dyma 'Idealyddwyr' D. J. Griffiths a'r rhai sydd, yn ôl Dewi Z., yn gweld iaith fel 'ffurf ar fyw'.)

Bydd y darllenydd craff wedi sylwi eisoes ar ddelweddu Taylor: iaith fel 'ffrâm', a'r awgrym o ddelwedd sydd yn y syniad o iaith fel rhywbeth ag iddi 'gefndir', h.y. rhywbeth sydd ag iddi fwy nag un dimensiwn. Yn hyn o beth, cofiwn am ddelwedd Humboldt lle cyflwynir iaith fel 'gwe'. Cais y delweddau hyn esbonio sut y mae gair yn dibynnu ar y geiriau sydd o'i gwmpas er mwyn caffael ystyr. I'r un cyfeiriad yr aiff un arall o ddelweddau Humboldt sy'n cyfleu bod yngan gair fel taro nodyn ar offeryn cerdd yr enaid.[59] Er mwyn seinio, a thrwy hynny er mwyn bodoli, dibynna'r nodyn unigol ar y dirgryniadau lluosog y mae'n eu hachosi wrth gael ei daro. Mae iaith yn dibynnu ar gyd-destun, a geiriau'n ennill eu hystyr o'u rhoi at ei gilydd ac o dynnu ar hanes ac arferion eu defnyddio.

Gweld y byd drwy ffenest y Gymraeg

Wrth roi'r syniadau hyn am natur iaith ar brawf a'u cymhwyso i'r Gymraeg, nid oes angen edrych ymhell i gael tystiolaeth ei bod hithau'n creu'r byd o'n cwmpas mewn ffyrdd gwahanol i'w chymdoges, y Saesneg. Ystyriwch y modd y mae'r Gymraeg yn dirnad perthynas ag eiddo. Yn Gymraeg dywedwn 'mae X gen i', neu 'mae X gyda fi'. Nid yw'r Gymraeg yn dirnad y berthynas rhwng goddrych a gwrthrych yn un o berchnogaeth, fel y mae'r iaith Saesneg yn gofyn i'w siaradwyr ei wneud. Cymharwch y ddirnadaeth Seisnig 'I have X' â'r ddirnadaeth Gymreig 'there is an X with me'. Enghraifft arall yw'r modd yr ydym yn dirnad ofn a newyn fel pethau allanol wrth siarad Cymraeg, rhyw bethau sydd *arnom* ni ydynt, ac nid ydynt yn ein diffinio. Dywedwn 'mae ofn/eisiau bwyd arnaf i' ('there is a fear/a need for food on me'), sy'n wahanol i ddweud 'I'm afraid/hungry' lle defnyddir y ferf 'bod' gydag ansoddair.

Addaswn fymryn ar y ddelwedd o brism a gwydr a gododd eisoes yng ngwaith D. J. Griffiths, a chynnig delwedd y ffenest. Gallwn ddweud, po fwyaf o ieithoedd sydd gennym, y mwyaf o ffenestri sydd gyda ni ar y byd, a phob ffenest fel pe byddai'n cynnig golygfa wahanol ar yr un byd. Ystyriwch ffenest yr iaith Sbaeneg. O sbïo drwy honno ac edrych ar y dyfodol, gwelwn bethau'n aml mewn golau annelwig, oherwydd wrth drin y dyfodol rhaid defnyddio'r modd dibynnol mewn sawl cystrawen yn Sbaeneg. Ni ellir, er enghraifft, ddatgan yn awdurdod i gyd 'pan fyddaf i'n dod i'th weld di' yn Sbaeneg. O na! Mae'n rhaid bod ychydig yn fwy gwylaidd. Rhaid defnyddio'r modd dibynnol, 'pan ddelwyf i'th weld di', a thrwy hynny gydnabod rywsut y gallai cant a mil o bethau ein rhwystro rhag cyflawni'r bwriad. ('Cuando venga' yw'r gystrawen gywir yn Sbaeneg, lle mae'r 'venga' yn cyfateb i'r 'delwyf' yr arferid ei glywed yn y Gymraeg.) Ac os yw'r Gymraeg wedi hen ryddhau ei siaradwyr o blygu ger bron Rhagluniaeth, nid felly'r Sbaeneg!

J. R. Jones

Fel y soniwyd yn y Cyflwyniad, gwyntyllwyd peth o'r deunydd hwn eisoes mewn erthygl yn *O'r Pedwar Gwynt*,[60] ond gan ein bod ni'n hoelio ein sylw ar athronwyr a'r modd y maen nhw'n canfod iaith, hoffwn ddychwelyd am funud neu ddwy at yr erthygl honno ac at rai sylwadau sydd ynddi am J. R. Jones. Wedi'r cyfan, byddai peidio â chrybwyll ei enw yntau mewn ymdriniaeth Gymraeg ag athroniaeth iaith yn gadael bwlch go arwyddocaol.

Yn un o'i weithiau enwocaf, sef yr anerchiad a roddodd ym 1967 ac sy'n gofyn y cwestiwn *A Raid i'r Iaith ein Gwahanu?*,[61] datgelir sut y mae'r athronydd yn canfod bod y llu 'negyddol a thaeoglyd' yn gweld iaith fel rhywbeth 'mirain' sy'n ddim ond 'ategiad lliwgar i'n diwylliant'[62] – a dyma ni yn ôl gyda T. H. Parry-Williams a'r jẁg ar y seld.[63] Mae J. R. Jones, fodd bynnag, yn gweld iaith fel rhywbeth sy'n 'dufewnol gysylltiedig' â hunaniaeth Pobl (ac mae'r 'P' fawr am 'Pobl' yn nodwedd benodol yn y pamffled). Yr honiad heriol sydd ganddo yw bod iaith *nas siaredir* gan bobl yn gallu bod yn rhan annatod o'r hyn sy'n eu gwneud yr hyn ydynt. Mae hyn oherwydd ei fod yn gweld iaith yn gweithredu ar ddau wastad, sef y 'gwastad gweithrediadol' a'r 'gwastad ffurfiannol'.[64] Fel rwy'n deall, iddo ef, cyfnewid geiriau a wna iaith ar y 'gwastad gweithrediadol', ac ar y gorau cysylltu Pobl â'i gilydd a wna, tra bo'r gwastad ffurfiannol yn uno

Pobl (ac mae'r gwahaniaeth rhwng y berfau, 'cysylltu' ac 'uno', yn pwysleisio sut y mae'r 'gwastad ffurfiannol' yn creu perthynas sy'n gryfach na'r 'gwastad gweithrediadol'). Yn *Prydeindod*, wrth drafod 'cymundodau', try at y corff er mwyn egluro ei syniadau, gan gymharu'r 'gwastad gweithrediadol' â ffisioleg y corff, tra bo'r gwastad ffurfiannol yn debyg i anatomi'r corff.[65]

Gwêl J. R. Jones y diffyg geiriau Cymraeg felly, yn 'hollt' sy'n rhannu'r Cymry, gan esbonio nad oes modd i iaith gysylltu unrhyw bobl ar y 'gwastad gweithrediadol' – dros yr hollt – lle bo gan y Bobl ddwy iaith wahanol; oherwydd yma, ar y wyneb megis, mae mynegiant iaith yn digwydd mewn geiriau, ac os yw'r geiriau'n perthyn i ddau gyfrwng gwahanol nid oes modd ffurfio cyswllt. Wrth droi at y 'gwastad ffurfiannol' fodd bynnag a thyrchu 'o dan yr hollt', gwêl obaith i iaith uno Pobl, hyd yn oed os gwelwyd ei chadw gan rai ond ei cholli gan eraill, a hynny oherwydd bod gan iaith rôl bwysig yn *ffurfiant* Pobl, hyd yn oed ar ôl i'r iaith ddistewi ar eu gwefusau; hynny yw, ar ôl i'r geiriau gael eu colli. Dywed:

> Daliaf i nad yw cysylltiad Pobl â'u hiaith – na'u rhwymedigaeth, gan hynny, iddi – yn darfod pan beidiant hwy mwyach â'i medru. Canys y mae eu cysylltiad ffurfiannol â hi yn aros, ac yn weladwy yn y ffaith eu bod hwy'n *bod* fel Pobl wahanol. Hi yw'r iaith, mewn cydymdreiddiad â'u tir, a *adeiladwyd i mewn i'w gwneuthuriad* hwy fel Pobl wahanol.[66]

Ac mae tipyn o waith dadbacio ar y delweddau uchod: iaith fel rhywbeth a all gydymdreiddio â thir; iaith fel rhywbeth a all gael ei hadeiladu i mewn i wneuthuriad Pobl a rhoi iddynt yr hyn sy'n eu gwneud yn wahanol. Cofiwn am y gorgyffwrdd yn *Geiriadur Prifysgol Cymru*.

O. M. Edwards

Yn hyn o beth, fel y soniais yn *O'r Pedwar Gwynt*, ceir adlais o syniadau rhai fel O. M. Edwards. Trafododd O.M. y berthynas rhwng 'iaith a gollwyd' a 'hunaniaeth' yn *Hanes Cymru* hanner canrif a mwy cyn J. R. Jones.[67] Wedi olrhain Cymry ei ddydd yn ôl at ddyddiau'r Iberiad a'r Celt a'u gweld yn tarddu o'r uniad rhwng y 'Dafydd' a'r 'Goliath' hwn, aiff O.M. yn ei flaen i holi, 'Paham y desgrifir y Cymro mor aml fel Celt, a paham [*sic*] yr anghofir am ei waed Iberaidd?'[68] Etyb ei gwestiwn ei hun fel a ganlyn:

> Y rheswm am hyn ydyw mai iaith Geltaidd ydyw'r Gymraeg. Collodd yr Iberiad ei iaith, a dysgodd iaith ei orchfygwr, ond nid hwyrach heb newid peth ar yr iaith honno. Gall Cymru golli ei hiaith lawer gwaith eto, ond erys neilltuolion meddwl y bobl o hyd. A newidir pob iaith ddysgant hyd nes y bo'n alluog i osod allan neilltuolion meddwl y bobl hynny. Erys rhyw adlais o iaith goll yr Iberiad, ac o iaith y Celt, ymhen oesoedd rif y gwlith, ymysg preswylwyr y mynyddoedd hyn. Nid mewn geiriau wyf yn feddwl, ond mewn arddull, – yn null ffurfio brawddeg, yn nhroiadau meddwl.[69]

Yr honiad fan hyn felly yw, er i'r Cymry golli'r iaith Iberaidd, fod yr iaith honno'n aros yn rhan o hunaniaeth y Cymry am iddi effeithio ar y Gelteg a siaredir ganddynt, sef Celteg sydd wedi addasu er mwyn mynegi eu ffordd nhw o feddwl, a'r math o Gelteg a elwir heddiw yn Gymraeg. Yn yr un modd, maentumir y byddai effaith y Gymraeg yn parhau i ddylanwadu ar ffordd o feddwl trigolion Cymru hyd yn oed pe byddai hithau hefyd yn cael ei cholli. Wrth gwrs, cyfyd yn sgil hyn bob math o ystyriaethau ynghylch glastwreiddio anochel dylanwad yr iaith goll ar yr iaith newydd drwy'r cenedlaethau, a byddwn ni'n gweld sut y mae rhai beirdd wedi ymdrin â cholled iaith yn y penodau nesaf ac wedi ymateb yn gadarnhaol ac yn negyddol i'r syniad o un iaith yn llyncu iaith arall. Am y tro, tynnwn o'r paragraff hwn y casgliad bod yr hunaniaeth sy'n gysylltiedig ag iaith, i O. M. Edwards felly, yn mynd y tu hwnt i allu unigolion i fynegi geiriau iaith, ac yn cyffwrdd yn rhywle yn ein ffordd o feddwl. A dyma ni yn ôl drachefn gyda Wittgenstein.

Ffiniau Wittgenstein a'r 'Mynegiant O Bosibl'

Yn ei ragarweiniad i'w waith rhyfeddol y *Tractatus Logico-Philosophicus*, dywed Wittgenstein y gallai grynhoi'r llyfr cyfan fel a ganlyn: '[y]r hyn y gellir ei ddweud, gellir ei ddweud yn eglur, ac ynghylch yr hyn na ellir siarad amdano, dylid tewi'.[70] Ond ni thawodd. Aeth yn ei flaen i ymestyn y crynodeb i fod yn gyfrol gyfan, gan ddweud y byddai'r llyfr yn gosod ffin ar feddwl, neu yn hytrach, nid ar feddwl ond ar fynegiant y meddwl. Felly, mae'n rhoi tair elfen ger bron: ffin, meddwl, a mynegiant y meddwl mewn iaith. Mae mater gosod ffin neu derfyn yn nheyrnas y meddwl yn achosi problem i Wittgenstein, oherwydd bod ar derfyn angen yr ochr hon a'r ochr draw; ac yn nheyrnas y meddwl, mynna Wittgenstein nad oes 'ochr draw'. Mae meddwl meddyliau nas meddyliwyd yn amhosibl. Fodd bynnag, nid felly y mae o ran *mynegi* meddyliau. Oherwydd, mae peidio â mynegi meddyliau'n gwbl bosibl. Gyda mynegiant meddyliau felly, mae modd gosod terfyn. Mae'r fath bethau ag 'ochr hon' ac 'ochr draw' yn bosibl. Ar yr ochr hon, mae'r meddyliau a fynegwyd. Ar yr ochr draw, mae'r meddyliau nas mynegwyd. Byddwn i'n dadlau bod terfyn arall yma hefyd, terfyn rhwng y meddyliau a fynegwyd mewn iaith sy'n gwneud synnwyr ar y naill ochr, ac ar y llall y meddyliau a fynegwyd mewn iaith ddisynnwyr.

A dyma ni'n agosáu at y beirdd. Nac ydw. Dydw i ddim yn awgrymu bod barddoniaeth yn ddisynnwyr. Ond mae gen i ddiddordeb yn rôl y bardd yng nghyd-destun y syniad hwnnw o'r 'tu hwnt i'r terfyn'. Neu o leiaf, rôl y bardd yn y broses o weithio'n union ar derfyn mynegiant, a thrwy'r gwaith hwnnw y modd y gall wthio'r terfyn fesul tipyn ac ennill tir. Oherwydd onid dyna yn union yw barddoniaeth yn aml? Rhoi mynegiant ystyrlon i'r meddyliau nas mynegwyd o'r blaen. Canfod ffordd o ddweud yr hyn a fu'n gorwedd ar y ffin, neu efallai hyd yn oed y tu hwnt i'r ffin, tan i'r gerdd gael ei chyfansoddi. Daw'r gerdd, os yw hi'n llwyddiannus, o hyd i'r mynegiant sy'n gwthio'r ffin ac yn ymestyn tiriogaeth iaith. 'Writing poetry, is a raid on the inarticulate', meddai T. S. Eliot.[71] Ac onid dyma a gawn hefyd, o aros yn nes at gartref, yng ngeiriau cyfarwydd 'Cân y Cadeirio' sy'n hawlio mai 'dehonglwr ein breuddwydion *mud*' yw'r bardd sy'n eistedd yn hedd yr Eisteddfod?[72] Beth am ddweud, felly, fod teyrnas y tu hwnt i'r terfyn, a'i galw hi'n deyrnas y 'Mynegiant O Bosibl', gydag 'M' ac 'O' a 'B' fawr, a bod y broses o ymbalfalu ar y terfyn yn caniatáu inni ennill oddi ar deyrnas y Mynegiant O Bosibl weithiau filltir, weithiau fodfedd. Ond ennill serch hynny.

Ymbalfalu ar ffiniau iaith

A chyn carlamu gyda'r beirdd, rhaid cydnabod wrth reswm nad hwythau'n unig sy'n profi'r broses hon o ymbalfalu ar ffiniau iaith. Tybiaf fod hyn yn brofiad cyffredin i ymron i bob un ohonoch chi, ddarllenwyr y gyfrol hon, gan gymryd eich bod oll yn siarad mwy nag un iaith, a'ch bod felly wedi teimlo mwy nag un iaith ar waith yn eich pen. Os nad yw'r ieithoedd hynny yr un mor gartrefol â'i gilydd yn eich pen, profoch, mentraf ddweud, ymbalfalu chwyrn ar brydiau. Ar adegau felly, byddwn yn ymwybodol iawn o'r chwilio am y darn addas o iaith a all gario'r hyn y dymunwn ei fynegi er mwyn cyfathrebu â rhywun arall. A phe byddai modd ymwared â'r panic sy'n dod pan fo'r ymbalfalu'n bygwth ein llorio, byddem yn gweld bod y broses hon nid yn unig yn arwain at ddull gwahanol o ddweud rhywbeth, ond hefyd weithiau at ddirnad y rhywbeth hwnnw'n wahanol hefyd. (Ystyriwn eto'r gwahaniaethau: 'mae car gen i'/ 'I have a car', neu beth am 'rwy'n clywed mwg'/ 'I smell smoke'?) Efallai fod rhai yn eich plith wrthi'r dyddiau hyn yn dysgu iaith newydd. Dyna brofiad eithafol o ymbalfalu ar derfyn tiriogaeth iaith. Yr ymbalfalu am eiriau yr ydych chi'n gwybod yn iawn am eu bodolaeth, ond yn gwybod hefyd eu bod y tu hwnt i'ch cyrraedd rhwydd chi. Yr ymbalfalu am frawddeg a allai ddod â'r geiriau at ei gilydd i fynegi'r union beth sydd ar eich meddwl, a'r sylweddoli y bydd yn rhaid i chi wthio eich hunan hyd at ddibyn eich gallu ieithyddol er mwyn torri'n rhydd: ... *Mae eisiau bwyd arnaf fi … Sut y mae dweud hynny yn Sbaeneg? … Troi at y Saesneg … 'There is a want for food upon me' … Nage! 'I'm hungry' … 'I'm' … 'Soy' … neu ai 'estoy'? Onid oes gan Sbaeneg ddau ferfenw sy'n cyfateb i 'bod'? Daw 'tengo' gan ochrgamu i'r meddwl o rywle ar wib. Mae gen i … mae gen i newyn? 'Tengo newyn'. Newyn … 'hambre'. 'There is a hunger with me' … Rhyfedd! Ac eto … 'tengo hambre'. Ie! Mae hynny'n canu cloch, ac mae'r olwg ar wyneb y gwrandäwr yn cadarnhau eich bod yn agos ati.*

Byddwn yn aml yn siarad am yr ymbalfalu hwn drwy gymharu'r broses â 'chanfod ffordd' o ddweud rhywbeth – a dyna fenthyg delwedd arall. siarad iaith fel canfod ffordd. Yn achos y dysgwr iaith, mae 'canfod ffordd' yn fater o fenthyg map rhywun arall. Yn achos y bardd, ai mater o lunio map newydd ydyw? A sut y gellir llunio mapiau newydd mewn hen iaith? Ar y cyfan, nid yw bardd yn creu geiriau newydd. Pe byddai hynny'n wir, byddai mewn perygl go iawn o groesi ffin Wittgenstein a chanfod bod terfyn iaith fel dibyn craig, ac mai'r hyn sy'n gorwedd yr ochr draw yw dwnsiwn yn llawn ffiloreg a rwdl-mi-ri.

Nage, yr hyn a wna'r beirdd wrth eu gwaith yw cyfuno geiriau mewn patrwm sain sy'n dod at ei gilydd i gynnig posibiliadau newydd inni. Posibiliadau deall newydd? Efallai. Posibiliadau mynegi newydd? Yn sicr. A thrwy'r newydd-bethau hyn, mae gwaith y bardd a'r gerdd yn cynnig i ni – i'r darllenwyr, y gwrandawyr, a'r bardd, ond, yn fwy na hynny, i iaith ei hunan – drywyddau estynedig a hyd yn oed gyfeiriadau newydd. (Yn yr ystyr hwn, mae'n rhaid mai cyfansoddi cerddi yw un o'r dulliau ailgylchu hynaf a mwyaf dyfeisgar a welwyd erioed: troi hen eiriau cyfarwydd yn fynegiant newydd.)

Ymryddhau drwy ddelweddau

Mae'r broses hon o nesáu fesul tipyn at derfyn y Mynegiant O Bosibl, ac weithiau, ei chwalu'n llwyr, yn broses o ymryddhau, proses sydd, yn ôl y bardd Ffrangeg Paul Valéry, yn bosibl oherwydd rhyddid delweddau drwy 'arwyddion'.[73] Rhywbeth yn debyg a syniodd Ralph Waldo Emerson, hefyd, ac er iddo fynd yn bell wrth honni mai 'liberating gods' yw'r beirdd, mae'n gweld bod grym symbolau'n rhyddhau pawb: '[t]he use of symbols', meddai, 'has a certain power of emancipation and exhilaration for all men'.[74] (Dewch 'mlaen, Emerson, a 'women' hefyd!) Mewn geiriau plaen, mae ein gallu ni i greu delweddau – i gymryd un peth i gynrychioli peth arall, cymryd un peth yn symbol neu'n arwydd am beth arall, a chymryd weithiau un peth a'i lwyr uniaethu â pheth arall – yn cynnig posibiliadau newydd inni.

A dyma ni wedi dod at fater 'delwedd', 'symbol' a 'throsiad', a chyfle felly i osod y stondin sy'n gofyn 'beth yw delwedd?' cyn cloi'r bennod. Mentraf fod clywed y termau hyn, 'trosiad' a 'delwedd' a 'symbol', yn cludo sawl un yn ôl i ddyddiau'r ysgol ac i'r wers 'Lenyddiaeth' a'r dasg o ddadansoddi arddull beirdd a llenorion. Fel y cofiwch, mae sawl gwedd ar 'ddelweddu', yn eu plith elfennau megis 'cyffelybiaeth', 'cymhariaeth' a 'throsiad'. Mae'n bwrw glaw mawr 'fel dilyw Noa': cyffelybiaeth. Mae 'mor wlyb ag Eisteddfod Llanrwst': cymhariaeth. Mae'n 'bwrw hen wragedd a ffyn': trosiad.

Ond mae ein stondin newydd ni'n hawlio ei lle ym maes athroniaeth hefyd. Gwelwn fod J. R. Jones, dros ddegawd cyn ei gyhoeddiadau mwy adnabyddus megis *Prydeindod* ac *A Raid i'r Iaith ein Gwahanu?*, wedi llunio erthygl ar 'Natur Delweddau Dychymyg'.[75] Yn hon mae'n tynnu sylw at gyneddfau sy'n ein galluogi i brofi pethau (neu feddwl am bethau) nad ydynt yn bresennol nac o fewn gafael lythrennol ein synhwyrau. Ystyriwch y modd y gallwn, yn absenoldeb gwrthrych, ei gofio neu ei ddychmygu; ac mae Jones yn disgrifio cofio fel 'cynneddf gadw' a dychmygu fel 'cynneddf edfryd' neu 'gynneddf adfywio'. Er ei fod yn cydnabod nad yw eto wedi gweithio'r gwahaniaeth rhwng mecanwaith y ddwy gynneddf, gwêl fod y ddwy yn gofyn am y gallu i ddelweddu[76] (ac onid yw hi'n ddiddorol ein bod ni'n gwahaniaethu rhwng 'dychmygu' a 'delweddu' yn Gymraeg mewn modd nad yw'r Saesneg yn ei addef, gydag 'imagine' yn gwneud y tro ar gyfer y ddau?). Yn yr un rhifyn o'r un cyfnodolyn, mae T. H. Parry-Williams yn cynnig dosbarthiad arall o'r un math o gyneddfau. Canolbwyntio ar y dychymyg a wna Parry-Williams, ac ar 'ddychymyg mewn barddoniaeth' yn benodol.[77] Yn fras, rhennir y cyneddfau hyn ganddo yn dri math: (a) y gynneddf 'feddyliol'; (b) y gynneddf 'ganfyddiadol a chreadigol'; (c) cynneddf sy'n fath arall ar ddychymyg 'creadigol' ac 'a elwir weithiau'n ddychymyg cynhyrchiol neu adeiladol'.[78] Cynneddf yw'r olaf hon sy'n creu cysylltiadau newydd. Mae'r cysylltiadau hyn, yn eu tro, yn galluogi dirnad pethau newydd (neu ddirnad pethau mewn ffyrdd newydd). Yng ngeiriau Parry-Williams, 'rhyw gynneddf i synhwyro a dirnad, ac o bosibl, i ddehongli ...' ydyw.[78]

Mae cynnyrch y dychymyg hwn yn ymddangos fel delweddau inni. Delweddau yw'r hyn y mae dyfeisgarwch dychymyg creadigol yn esgor arnynt wrth iddo gyplysu dau beth gwahanol wrth ei gilydd. A dyma yw hanfod 'trosiad' (neu fetaffor). Cymdeithasiad ydyw sy'n defnyddio un math o beth i roi ffurf ar fath arall, a chreu cyfatebiaeth rhwng cysyniadau sy'n aml yn perthyn i feysydd gwahanol. Yng nghyd-destun ein hymchwil a'i ffocws ar waith beirdd, cyfrwng delweddu o'r math hwn yw geiriau. Drwy gyfuno geiriau, mae'r ddelwedd yn creu lluniau, a'r lluniau geiriol yn rhoi mynegiant i feddyliau. Gallwn estyn yma at y gair campus 'drychfeddyliau', a chael yn union at graidd y syniad – delwedd fel drych i'r meddwl.

Iaith fel gweithred, nid fel cynnyrch

Wrth bendroni dros y dyfeisgarwch sydd ar waith pan fyddwn yn creu delweddau tebyg i hyn, cawn ein tynnu yn ôl at athroniaeth iaith am y tro olaf yn y bennod hon, a'n hatgoffa o sylwadau rhai fel Ernst Cassirer a Humboldt am allu rhyfeddol iaith i adnewyddu ei hunan, yn arbennig felly pan fydd hi'n cael ei thrin yn y meddwl creadigol. Yn ei waith allweddol *Philosophie der symbolischen Formen* ('Athroniaeth ffurfiau symbolaidd'), mae Cassirer yn mynd i'r afael â'r syniad ohonom ni, fodau dynol, fel anifeiliaid symbolaidd.[80] Os yw anifeiliaid eraill yn dirnad y byd drwy eu greddfau'n unig, gall y bod dynol ddirnad nid yn unig y byd, ond y bydysawd hefyd, yn nhermau ystyron symbolaidd. I Cassirer, y gallu hwn i ddirnad yn symbolaidd yw pennaf nodwedd y meddwl creadigol – a'r mwyaf creadigol y bo'r meddwl, y mwyaf cynhyrchiol ydyw, am mai dyma'r meddwl sy'n teimlo ddwysaf nodweddion hanfodol ystyron symbolaidd, lle mae dau beth yn llifo i mewn i'w gilydd a gyda'i gilydd, yn cydberthyn ac yn cydweithredu.[81] Mae iaith yn rhan o gyfarpar y meddwl creadigol, ac yn hyn o beth mae Cassirer yn rhyfeddu at allu iaith i ymaddasu'n barhaus. Adleisir Humboldt yma, a'r modd y mae yntau'n mynnu nad cynnyrch ('ergon') ydyw iaith, ond gweithred ('energeia').[82] Fel 'gweithred', felly, mae iaith yn anorffenedig; mae ganddi'r gallu i ymaddasu'n barhaus. I Cassirer, egni ffurfiannol, pur ydyw, sy'n agored ddi-ben-draw. Ac yn ei farn ef, mae'r meddyliau creadigol sy'n gweithio gydag iaith nid yn unig yn defnyddio iaith, ond yn ei chreu hi hefyd. Nhw yw'r prawf bywiol a pharhaus o 'ddeallusrwydd natur ddigymell iaith, gan eu bod, dro ar ôl tro, yn torri drwy'r rhwystrau, am nad ydynt yn ystyried iaith fel cynnyrch gorffenedig'.[83] Wrth esbonio'r grym hwn sydd gan iaith, try at ddelwedd afon fyrlymus: 'Ni ellir cymharu grym ffurfiannol iaith â llif afon sy'n hyrddio yn erbyn ffurfiau'r iaith bresennol megis yn erbyn wal; yn hytrach, mae'n gorlifo drwy'r union ffurfiau hyn ac yn eu cadw'n dufewnol symudadwy.'[84] Mewn delwedd arall, mae Cassirer yn dweud bod y grym hwn, grym ffurfiannol iaith, yn un all beri i rywbeth a wnaed o haearn, dyweder, ac sydd wedi hen ymsefydlogi yn ei ffurf, gael ei 'aildoddi' neu 'ailfwrw', fel na all fyth ddod yn rhywbeth cwbl ddiysgog. Yn baradocsaidd reit yn hyn o beth, ei haeriad yw mai'r grym sy'n rhoi i'r iaith ei pharhad a'i sefydlogrwydd yw'r union rym sy'n caniatáu iddi newid ei ffurf drwy 'ysgogiadau byrhoedlog' megis, neu 'greadigrwydd yr eiliad'.[85]

Y fantais ddwyieithog?

I gloi felly, yng nghyd-destun ein Cymru ddwyieithog ni, cyfyd cwestiwn difyr: os yw un iaith yn cynnig cyfleon fel hyn i'r meddwl creadigol, beth wedyn pan fo dwy iaith ar waith? Dwywaith y cyfleon? Yn y llyfr blaengar, *Creative Multilingualism: A Manifesto*, archwilir y cyswllt rhwng creadigrwydd ac ieithoedd lluosog.[86] O ddiddordeb arbennig i ni yw'r pwynt cyntaf o ddeg pwynt ei faniffesto, sy'n tynnu sylw at nerth creadigol y metaffor neu'r trosiad. Daw i'r casgliad bod gan y ddelwedd (ac yn benodol, y trosiad) safle annatod yn ein holl system gyfathrebu, oherwydd, hyd yn oed er mwyn esbonio sut yr ydym yn creu delwedd, mae'n rhaid wrth ddelwedd. 'It is an intrinsic part of the human condition', meddir.[87] Dengys sut y mae creu delweddau'n ffrwyth proses gymhleth sy'n ffynnu ar amrywiaeth, a'r pwynt gwaelodol yw bod ein gallu i feddwl yn drosiadol yn cael ei ddylanwadu gan yr iaith *neu'r ieithoedd* a siaradwn, ac felly hefyd gan y cyd-destun diwylliannol sydd yn perthyn i'r iaith neu'r ieithoedd hynny.[88]

Dyna pam y byddwn, o bosibl, ar y naill law yn cael ein synnu wrth 'weld' rhai o'r delweddau a amlygir yn y bennod nesaf, gan eu bod mor gyfarwydd inni nes eu bod wedi hen golli eu hergyd drosiadol. Ar y llaw arall wedyn, mae'n siŵr y cawn ein synnu drachefn gan ffresni a gwreiddioldeb rhai delweddau eraill. (Mae'r 'haul yn gwenu' yn Gymraeg, a does neb yn sylwi, *but if the sun smiled in English, we would probably sit up and notice*.) Ac o ddod i gwrdd â delweddau mewn ieithoedd, ac felly mewn cyd-destunau, gwahanol, gobeithio y cawn ein rhyfeddu gan liw a dyfeisgarwch ambell un sy'n gwbl newydd inni.

Gyda hynny, mae'n bryd troi at ein casgliad o feirdd a'r rhai hynny, rhyngddynt, yn cwmpasu deg iaith a phum cyfandir. Gobeithio felly y cawn ambell ddelwedd a fydd yn gymorth inni wrth inni ofyn 'Beth yw iaith?'.

Nodiadau

1 Martin Heidegger, *Über den Humanismus* (Frankfurt a. M.: Klostermann, 1949), t. 5.

Gw. hefyd Ned Thomas, '"Dichten und Denken": meddwl am yr iaith a meddwl yn yr iaith yng nghwmni Martin Heidegger', yn E. Gwynn Matthews (gol.), *Hawliau Iaith: Cyfrol Deyrnged Merêd* (Talybont: Y Lolfa, 2015), tt. 103–19 (t. 116).

2 Gw. Eve E. Sweetser, 'English Metaphors for Language: Motivations, Conventions, and Creativity', *Poetics Today*, 13/4 (1992), 705–24.

3 R. J. Thomas et al. (goln), *Geiriadur Prifysgol Cymru*, 4 cyfrol (Caerdydd: Gwasg Prifysgol Cymru, 1950–2002).

4 Ibid., II, t. 1999.

5 Ibid.

6 Ibid., I, t. 769.

7 Ibid., IV, t. 3263.

8 Heidegger, *Über den Humanismus*, t. 5.

9 'Athroniaeth Iaith', yn *Y Beirniad*, Llyfr 1 (1860), 161–73. Cyhoeddiad trimisol er egluro Gwyddoriaeth, Gwladyddiaeth, Llenyddiaeth a Chrefydd, dan olygiaeth y Parchedigion John Davies, Aberaman, a William Roberts, Athro Ieithoedd Coleg Aberhonddu (oherwydd dynodiad swydd William Roberts, tybir mai yntau yw'r adolygydd).

10 Max Müller, *Lectures on The Science of Language Delivered at The Royal Institution of Great Britain in April, May, and June, 1861* (Efrog Newydd: Charles Scribner, 1862). Gw. hefyd Project Gutenberg 2010: *www.gutenberg.org/files/32856/32856-pdf*.

11 'Athroniaeth Iaith', t. 162.

12 Ibid.

13 Platon, *Cratylus*, cyf. Benjamin Jowett *www.gutenberg.org/files/1616/1616-h/1616-h.htm*.

14 Gw. Aristoteles, *Categories and De Interpretatione*, cyf. J. L. Ackrill (Rhydychen: Clarendon Press, 1975).

15 'Athroniaeth Iaith', t. 170.

16 Ibid.

17 Ibid., t. 163. Gwelir yr adolygydd, yn union fel y gwna Müller, yn cynnig enwau Locke, Adam Smith a Dugald Stewart yn unig.

18 Ibid., t. 173.

19 Gw. Ken Hirschkop, *Linguistic Turns 1890–1950* (Rhydychen: Oxford University Press, 2019).

20 'Athroniaeth Iaith', t. 173.

21 Ibid., t. 167.

22 von Humboldt, 'Über die Verschiedenheit des menschlichen Sprachbaues und ihren Einfluss auf die geistige Entwicklung des Menschengeschlechts', yn Andreas Flitner a Klaus Giel (goln), *Wilhelm von Humboldt, Schriften zur Sprachphilosophie* (Stuttgart: Cotta, 1981), tt. 368–757 (t. 396).

23 Heidegger, *Über den Humanismus*, t. 5.

24 Ludwig Wittgenstein, *Tractatus Logico-Philosophicus*, cyf. D. F. Pears a B. F. McGuinness (Llundain: Routledge & Kegan Paul Ltd., 1961), 4.002, t. 36. Am ymdriniaeth eglur o ddatblygiad athroniaeth iaith Wittgenstein, gweler Walford L. Gealy, 'Ludwig Wittgenstein', yn John Daniel a Walford L. Gealy (goln), *Hanes Athroniaeth y Gorllewin* (Caerdydd: Gwasg Prifysgol Cymru, 2009), tt. 667–89.

25 Darllenwr, 'Athroniaeth Iaith', yn *Yr Athronydd Cymreig*, 1/5 (Tachwedd 1890), 152–5.

26 Ibid., 153.

27 W. J. Rees, 'Athroniaeth yng Nghymru'r Ugeinfed Ganrif', *Efrydiau Athronyddol*, 58 (1995), 90–107 (t. 100).

28 W. J. Rees, 'Dosbarthiad o'r Prif Erthyglau 1938–1992', *Efrydiau Athronyddol*, 56 (1993), 90–104 (t. 101).

29 Glyn Williams, 'Cynhyrchu Disgwrs: Sylwadau ar Waith Michel Foucault', *Efrydiau Athronyddol*, 51 (1988), 37–46 (t. 39).

30 E. Glyn Lewis, 'Y Ddau Draddodiad, Lewis Edwards ac Emrys ab Iwan', *Efrydiau Athronyddol*, 23 (1960), 26–35.

31 Ibid., 27.

32 Ibid. Gw. hefyd 'Cymraeg y Pregethwr', yn D. Myrddin Lloyd (gol.), *Detholiad o Lythyrau ac Erthyglau Emrys ap Iwan*, Cyfrol II (Llandysul: Gomer, 1964), t. 54.

33 Lewis, 'Y Ddau Draddodiad', 27.

34 Glyn Tegai Hughes, 'Cysylltiad Iaith â'r Ymwybyddiaeth Genedlaethol', *Efrydiau Athronyddol*, 24 (1961), 31–8 (t. 35).

35 Dewi Z. Phillips, 'Pam achub iaith?', *Efrydiau Athronyddol*, 56 (1993), 1–12.

36 Ibid., 3.

37 Ibid., 6.

38 Ibid., 7.

39 Ibid., 6.

40 J. Eirian Davies, 'Wittgenstein', yn *Cyfrol o gerddi* (Dinbych: Gwasg Gee, 1985), tt. 48–9.

41 Wittgenstein, *Tractatus Logico-Philosophicus*, 5.6, t. 114.

42 D. J. Griffiths, 'Dehongliad Idealistig o Iaith', *Efrydiau Athronyddol*, 19 (1956), 22–30.

43 Ibid., 22.

44 Ibid., 29.

45 J. L. Evans, 'Empeiraeth ac ystyr', *Efrydiau Athronyddol*, 25 (1962), 4–11.

46 Ibid., 11.

47 R. M. Jones, *Dysgu Cyfansawdd* (Aberystwyth: CYD, 2003).

48 Ibid., t. 31.

49 Am ragor o fanylion am hyn, gw. Mererid Hopwood, 'Iaith cynghanedd: "iaith ryfeddol yw hon"', yn Aneirin Karadog ac Eurig Salisbury (goln), *Y Gynghanedd Heddiw* (Talybont: Cyhoeddiadau Barddas, 2020), t. 114.

50 Matthews (gol.), *Hawliau Iaith*.

51 Huw Williams, 'Law yn llaw: Athroniaeth a'r Iaith Gymraeg', yn E. Gwynn Matthews (gol.), *Hawliau Iaith: Cyfrol Deyrnged Merêd* (Talybont: Y Lolfa, 2015), tt. 120–36.

52 Ned Thomas, '"Dichten und Denken": meddwl am yr iaith a meddwl yn yr iaith yng nghwmni Martin Heidegger', yn E. Gwynn Matthews (gol.), *Hawliau Iaith: Cyfrol Deyrnged Merêd* (Talybont: Y Lolfa, 2015), tt. 103–19.

53 Ibid., t. 107.

54 Sarah Cooper a Laura Arman (goln), *Cyflwyniad i ieithyddiaeth* (Caerfyrddin: Y Coleg Cymraeg Cenedlaethol, 2020), *www.porth.ac.uk/en/collection/cyflwyniad-i-ieithyddiaeth*.

55 Rhianwen E. Daniel, *Effaith Iaith ar Hunaniaeth Ddiwylliannol: Goblygiadau ar gyfer Cyfiawnder Ieithyddol a Chenedlaetholdeb Rhyddfrydol*, *https://orca.cardiff.ac.uk/id/eprint/143971/1/2021DanielREPhD.pdf*.

56 Charles Taylor, *The Language Animal* (Cambridge MA a Llundain: The Belknap Press of Harvard University Press, 2016).

57 Hopwood, *Y Gynghanedd Heddiw*, tt. 109–10.

58 Taylor, *The Language Animal*, t. 3.

59 Wilhlem von Humboldt, *Schriften zur Sprache*, gol. Michael Bühler (Stuttgart: Reclam, 1995), tt. 138–9.

60 Mererid Hopwood, 'Doethineb Iaith', *O'r Pedwar Gwynt* (Haf 2019), 11–14.

61 J. R. Jones, *A Raid i'r Iaith Ein Gwahanu?* (Cyfres Ddigidol Y Coleg Cymraeg Cenedlaethol, e-argraffiad 2013 o'r gwreiddiol 1978), *www.porth.ac.uk/en/collection/ a-raid-i-r-iaith-ein-gwahanu-j-r- jones.*

62 Ibid., t. 8.

63 T. H. Parry-Williams, 'Cyngor', yn *Detholiad o Gerddi*, ailargraffiad (Llandysul: Gwasg Gomer, 1976), t. 100.

64 Jones, *A Raid i'r Iaith Ein Gwahanu?*, t. 12.

65 J. R. Jones, *Prydeindod* (Cyfres Ddigidol y Coleg Cymraeg Cenedlaethol, e-argraffiad 2013 o'r gwreiddiol 1966), *https://llyfrgell. porth.ac.uk/View.aspx?id=2038~ 4n~NOVt9fmN*, t. 13.

66 Ibid., t. 14. (J. R. Jones piau'r italeg).

67 O. M. Edwards, *Hanes Cymru* (Caernarfon: Cwmni y Cyhoeddwyr Cymreig, 1911), t. 23.

68 Ibid.

69 Ibid.

70 Wittgenstein, *Tractatus Logico-Philosophicus*, t. 2.

71 T. S. Eliot, 'East Coker, V', yn *Four Quartets* (London: Faber and Faber Ltd., 2000), t. 16.

72 Gw. Gerwyn Wiliams, *Cynan: Drama Bywyd Albert Evans Jones, 1895–1970* (Talybont: Y Lolfa, 2020), t. 170.

73 Paul Valéry, *Cahiers/Notebooks*, goln Brian Stimpson et al., cyf. Rachel Killick et al., 5 cyfrol (Frankfurt/Efrog Newydd: Peter Lang, 2000), II, t. 163.

74 Ralph Waldo Emerson, 'The Poet', *Essays: Second Series* (Boston: James Munroe and Company, 1847) tt. 3–46 (t. 32).

75 J. R. Jones, 'Natur Delweddau Dychymyg', yn *Efrydiau Athronyddol*, 15 (1952), 12–25.

76 Ibid., 22.

77 T. H. Parry-Williams, 'Dychymyg mewn barddoniaeth', *Efrydiau Athronyddol*, 15 (1952), 4–11.

78 Ibid., 4.

79 Ibid., 5.

80 John Michael Krois a Donald Phillip Verene (goln), *Ernst Cassirer: The Philosophy of Symbolic Forms, Vol. 4 The Metaphysics of Symbolic Forms*, cyf. John Michael Krois (Llundain: Yale University Press, 1996).

81 John Michael Krois ac Oswald Schwemmer (goln), *Ernst Cassirer: Zur Metaphysik der Symbolischen Formen* (Hamburg: Meiner, 1995), tt. 16–17. Yma, yn yr Almaeneg gwreiddiol, mae'n cynnig ffurfiau Almaenig a Lladinaidd fel hyn: 'zum In-und Miteinander, zu einer Korrelation und Ko-operation'.

82 von Humboldt, 'Über die Verschiedenheit des menschlichen Sprachbaues und ihren Einfluss auf die geistige Entwicklung des Menschengeschlechts', yn Andreas Flitner a Klaus Giel (goln), *Wilhelm von Humboldt, Schriften zur Sprachphilosophie*, tt. 368–757 (t. 418).

83 Cassirer, *The Philosophy of Symbolic Forms, Vol. 4*, t. 17.

84 Ibid., t. 18.

85 Ibid.

86 Katrin Kohl, Rajinder Durah, et al. (goln), *Creative Multilingualism: A Manifesto* (Caergrawnt: UK Open Book Publishers, 2020).

87 Ibid., t. 42.

88 Ibid., t. 28.

Merch perygl

YR HENIAITH[1]

Disglair yw eu coronau yn llewych llysoedd
A thanynt hwythau. Ond nid harddach na hon
Sydd yn crwydro gan ymwrando â lleisiau
Ar ddisberod o'i gwrogaeth hen;
Ac sydd yn holi pa yfory a fydd,
Holi yng nghyrn y gorllewinwynt heno –
Udo gyddfau'r tyllau a'r ogofâu
Dros y rhai sy'n annheilwng o hon.

Ni sylwem arni. Hi oedd y goleuni, heb liw.
Ni sylwem arni, yr awyr a ddaliai'r arogl
I'n ffroenau. Dwfr ein genau, goleuni blas.
Ni chlywem ei breichiau am ei bro ddiberygl;
Ond mae tir ni ddring ehedydd yn ôl i'w nen,
Rhyw ddoe dihiraeth a'u gwahanodd.
Hyn yw gaeaf cenedl, y galon oer
Heb wybod colli ei phum llawenydd.

Na! dychwel gwanwyn i un a noddai
Ddeffrowyr cenhedloedd cyn eu haf.
Hael y tywalltai ei gwin iddynt.
Codont o'i byrddau dros bob hardd yn hyf.
Nyni, a wêl ei hurddas trwy niwl ei hadfyd,
Codwn yma yr hen feini annistryw.
Pwy yw'r rhain trwy'r cwmwl a'r haul yn hedfan,
Yn dyfod fel colomennod i'w ffenestri?

Waldo Williams (1904–1971)

45 milltir

(Aberystwyth – Carreg Waldo, Preseli)

Merch Perygl

Yn y Cyflwyniad, bwriwyd trem yn ffeiliau'r cof. Os cawsoch chi hamdden yn y cyfamser i fynd yn ôl a sbecian drwyddynt, gallaf fentro bod dwsinau'n rhagor o linellau'n gyforiog â delweddau am iaith wedi dod i'ch gafael. Efallai y cawsoch gip drwy sbectol Gwenallt a gweld yr 'iaith ar ein hysgwyddau megis pwn'?[2] Neu a fuoch chi'n rhannu'r olygfa gyda Ieuan Glan Geirionydd, a gweld yr iaith fel adeilad, a hithau (yn ôl englyn lle mae'n ei henwi wyth gwaith!) yn rhywbeth sydd yn 'gadarn ei seiliau'.[3] Neu ai gydag Alan Llwyd y buoch chi, a'i gweld 'yn borth a throthwy'?[4] Fuoch chi, tybed, yn y maes glo gyda J. Eirian Davies (yn ddigon pell o bont Nantgaredig y tro hwn) a gweld 'gwythïen' iaith yn 'teneuo o gnoc i gnoc'?[5] Dychwelyd i ben y mynydd fu eich hanes efallai, at Gerallt Lloyd Owen, a synhwyro, os nad gweld yn union, fod iaith yn rhywbeth ag iddi 'ias', a bod yr 'ias' honno yn bodoli yn y pridd, hyd yn oed cyn i chi, na'r un siaradwraig na siaradwr arall, ei droedio?[6] Un lle na fuoch ynddo hyd yma oedd i feddau dwfn atomau iaith gyda Grug Muse. Gallaf fod yn weddol sicr o hyn, oherwydd yn atodiad y gyfrol hon y gwelir ei cherdd bwerus 'Holwyddoreg Ar Iaith' mewn print am y tro cyntaf. Ym mhedwerydd gofyniad y gerdd, delweddir iaith fel gwastraff niwclear sy'n 'gwrthod marw', ac os yw ei hatomau cudd 'yn gwgu', maen nhw hefyd 'yn gwrthod pydru'.[7]

Neu efallai mai cabinet y ffeiliau rhyddiaith oedd nesaf atoch? Ac os oes rhyw duedd ynoch chi i alw llenorion wrth eu henwau cyntaf a threfnu eich papurau felly, efallai mai ar 'A' am

Aneirin Talfan Davies y trawoch chi'ch llaw, a chael yn blwmp ac yn blaen mai '[i]aith yw ystordy doethineb y canrifoedd', ac ymhellach, '[i]aith yw meddiant pwysicaf dyn'.[8] Dydy 'E' am Emrys ap Iwan ddim ymhell. Tybed a gawsoch chi ei ddelwedd yntau o'r iaith fel 'gwrthglawdd'?[9] Ac os nad yw eich ffeiliau personol yn hawdd eu canfod, ewch i fynegai arbennig *Y Flodeugerdd o Ddyfyniadau Cymraeg* gan Alan Llwyd, lle y gwelwch y bûm innau'n chwilota am ambell enghraifft.[10]

Ond arhoswch funud. Tynnwch y ddalen honno fodfedd yn uwch – yr un a oedd o dan 'E' am Emrys. Craffwch arni. 'I ni, y Gymraeg yw'r unig wrthglawdd rhyngom a diddymdra'.[11] Dyna sydd yno. Nid unrhyw iaith sydd gan Emrys ap Iwan, ond yr iaith Gymraeg. Ac mae hynny'n wir am y dyfyniadau uchod i gyd, boed yn ddiamwys felly neu beidio. Bydd rhaid cadw hyn mewn cof wrth inni edrych ar waith y beirdd o bedwar ban. Delweddir iaith, mae hynny'n sicr, ond yn anorfod gwneir hynny gyda geiriau iaith benodol. Weithiau mae holl hanes a statws yr iaith honno'n rhan annatod o'r ddelwedd, weithiau ddim, ond y mae hi yno, bob tro o raid, yn bwrw ei heffaith ar y geiriau. Gellid dweud yr un peth am yr athronwyr hefyd i raddau. Weithiau mae'r iaith sy'n rhan o'u hathronyddu'n cael ei hamlygu fel iaith benodol – roedd hyn yn wir yn achos erthyglau Glyn Tegai Hughes a Glyn Lewis y cyfeiriwyd atynt yn y bennod gyntaf – ond hyd yn oed pan nad ydynt yn cyfeirio'n amlwg at un iaith arbennig, eto, mae'n rhaid ystyried bod yr iaith y maen nhw'n ei siarad yn effeithio ar eu hathronyddu. (Cymerwch ferf fel 'besinnen' sydd mor ganolog i rywun fel Herder; berf sy'n drybeilig o anodd ei throsi i'r Gymraeg – ac i'r Saesneg o ran hynny.[12] Sut lun fyddai ar athroniaeth Herder heb yr Almaeneg, tybed?)

Sut bynnag, mae'n bryd dechrau gyda'r beirdd o Gymru, a thrown yn gyntaf at y darnau newydd sbon a welir yn atodiad ein cyfrol. Cyfeiriwyd eisoes at gerdd Grug Muse lle delweddir iaith fel 'stwff sy'n gwrthod marw', ond lle mae ei heffaith (ar y 'gwastad ffurfiannol' efallai?) yn dal i gael ei theimlo.[13] I Rufus

Mufasa, mae'r iaith Gymraeg ym mhob rhan o gorff ac osgo ei phlant, mae hi yn eu henaid a'u hysbryd, yn lliw eu llygaid a'u gwallt. 'Mae'r iaith Gymraeg yn eich gwaed', meddai, a gellir teimlo balchder y fam wrth i'r ferch ddod o'r ysgol gyda'i thystysgrif 'Cymraes yr Wythnos'.[14] Troi at ei phlentyn a wna Hanan Issa yn ei cherdd hithau hefyd. Mae'n portreadu cydymdreiddiad llwyr rhwng iaith a thir, gan awgrymu mai'r rheswm paham y dylai ei mab ddysgu'r Gymraeg yw oherwydd, fel arall, byddai'r tir yn diflannu, 'The land would disappear'.[15]

'Anrheg' ac 'allwedd' yw iaith i Gwynfor Dafydd mewn cerdd sy'n dathlu amlieithrwydd, a'r bardd ei hun yn medru sawl iaith.[16] Mae englynion Emyr Davies, wrth geisio ateb y cwestiwn 'Beth yw'r iaith i mi?', yn gyforiog o ddelweddau cadarnhaol a chyfriniol sy'n gweld iaith fel 'golau' a 'llusern', fel 'daeareg', '[g]wahoddiad', 'gweddi' a hyd yn oed 'jôcs gwael'.[17] Yn gryno, 'ein ffordd o fyw ydyw hi', meddai. Drwy'r gerdd gyfan, dethlir 'rhyfeddod' iaith a phwysleisir bod iaith 'fechan' yn gallu cyfoethogi ein byd, a'i gwella hefyd:

> O'i huodledd a'i rwdlan, doi i weld
> Fod aer y tu allan
> Yn y mil o liwiau mân
> Yn iachach drwy iaith fechan.[18]

Dyna'r cerddi newydd. Ond fel y mae'r fflic gwib drwy ffeil y cof eisoes wedi ei awgrymu, o droi at yr 'hen' gerddi mae'r dewis yn helaeth, a'r dethol ar gyfer ein pennod, felly, yn her. Wrth olygu un o gyfresi nodedig Gwasg Prifysgol Cymru, *Hanes Cymdeithasol yr Iaith Gymraeg*, agorodd Geraint Jenkins y gyfrol gyntaf gyda thair llinell gan Waldo Williams o gerdd 'Yr Heniaith'.[19] Dyma'r llinell gyntaf a ddyfynna: 'Ni sylwem arni. Hi oedd y goleuni, heb liw'.[20] Wrth inni edrych ar gerddi'r gorffennol, felly, derbyniwn arweiniad yr Athro Jenkins. Dechreuwn yn yr un man: gyda Waldo.

Yn gyntaf, meiddiwn dynnu'r llinell o'i chyd-destun, gan fwrw ei bod hi'n cyfeirio at 'iaith yn gyffredinol'. Aiff y ddelwedd yn syth at galon yr hyn y ceisiais ei roi ger bron yn y Cyflwyniad, sef y ffaith ryfeddol bod iaith, er ei bod hi'n beth anhepgor i'n bywyd ac i'n cymdeithas, yn rhywbeth nad ydym ni, ar y cyfan, yn oedi i feddwl fawr ddim amdano; yn sicr nid am yr hyn ydyw yn ei hanfod. Rhown y llinell yn ôl yn ei chyd-destun, a chlywn ochenaid. Mae Waldo'n gresynu nad oeddem wedi rhoi digon o barch, nid i iaith fel y cyfryw, ond i'r iaith Gymraeg. Cymryd yr iaith Gymraeg yn rhy ganiataol fu ein hanes, ac mae'n pwysleisio hyn wrth ail a thrydydd adrodd 'Ni sylwem arni'.[21]

Tybiaf mai natur drugarog Waldo sy'n gyfrifol am iddo ddefnyddio 'ni' yn hytrach na 'chi', oherwydd gellir bod yn go sicr fod y bardd ei hunan *wedi* sylwi ar y Gymraeg. Wedi'r cyfan, cyn i'w dad gymryd swydd prifathro ym Mynachlog-ddu, mae'n hen hysbys bod Waldo a'i chwiorydd a'i frodyr yn beryglus o agos at fod ar drywydd plant 'y cenedlaethau coll' (os cawn ddefnyddio ymadrodd felly i gyfeirio at aelwydydd lle mae rhieni'n medru iaith ond nad ydynt, am ba reswm bynnag, yn ei throsglwyddo i'w plant). Roedd tad Waldo'n siarad Cymraeg fel iaith gyntaf, ond Saesneg oedd iaith gyntaf ei fam, er ei bod hi'n medru'r Gymraeg,[22] ac mae Cyfrifiad 1911 yn cadarnhau bod y rhieni'n medru 'both' ond 'English' yn unig yw iaith Morvydd, Mary, Waldo a Roger, â Dilys yn rhy fach i gael gofyniad iaith o gwbl. Ar iard yr ysgol y daeth y bardd i siarad Cymraeg, a hynny, felly, fel plentyn yn hytrach na fel baban. Am hyn oll gellir tybied bod ei ymwybyddiaeth ohoni'n go effro. Cefnogir y dybiaeth gan y ffaith iddo lunio tair cerdd yn ymdrin â hi'n benodol. Yn ogystal â 'Yr Heniaith' y cyfeiriwyd ati eisoes, ceir hefyd 'Yr Iaith a Garaf' a 'Cymru a Chymraeg' (heb sôn am y cyfeiriadau at y Gymraeg mewn nifer o gerddi eraill, a'r enwog 'Cofio' yn eu plith).[23]

Y gynharaf o'r tair cerdd iaith-benodol yw 'Yr Iaith a Garaf'. Fe'i cyhoeddwyd gyntaf ym 1927 yn *The Dragon/Y Ddraig*,[24] cylchgrawn prifysgol Aberystwyth, lle roedd Waldo'n fyfyriwr. Ynddi cyfeiria'r bardd yn uniongyrchol at gyfarfod â'r iaith yn saith mlwydd oed. Delweddir iaith fel 'anwylyd'. Yn y pennill cyntaf mae hi'n 'llamu' ato'n 'ysgafndroed', a thrwy'r weithred hon, mae'n rhoi bywyd i'r bardd, 'Ac wele, deuthum innau'n fyw'. Yn y trydydd pennill, trown o fyd y plentyn a gweld disgrifiad o gorff yr iaith a sut y mae hwnnw'n lanach 'na'r gornant glir, / Ystwythach na'r helygen werdd'. Erbyn y pedwerydd pennill, mae'r berthynas rhwng y bardd a'r iaith yn cael ei selio â chusan. Mae'r atyniad yn cyrraedd uchafbwynt wrth i'r weithred hon beri i'r bardd glywed 'Penllanw afiaith popeth byw'. Â'r wefus a'r tafod yn rhannau mor allweddol o gyfarpar siarad, gellid dadlau bod cyfeirio at 'gusan' a 'min' yng nghyd-destun iaith yn ddigon disgwyliedig, ac o fewn y traddodiad Cymraeg, mae'r cyfeiriadau hyn yn siŵr o ddwyn i gof 'Rhieingerdd' John Morris-Jones. Cofiwn sut y mae'r iaith Gymraeg yn y gerdd honno'n cael ei chyfrif yn gyfrifol am ddengarwch y ferch. Yr iaith yw'r hyn sy'n rhoi'r 'lluniaidd dro' i'w gwefus a 'lliw a blas y gwin'.[25] Ond dychwelwn at gerdd Waldo a gweld yn y pumed pennill ddyfnhau serch afieithus y bardd at yr iaith. Erbyn hyn, mae'n gariad dwys wrth i fywiogrwydd yr iaith ildio i salwch, ac wrth i'r 'dynion oer, dideimlad sych' ddannod i'r bardd ei angerdd tuag ati. Llw o ffyddlondeb hyd at angau sy'n cloi'r gerdd, 'Ond er fy ngwanned, tyngu wnaf /– Ni chei di farw tra bwyf byw'.

Gydol y gerdd, gwelwn, yn y berthynas rhwng yr iaith a'r sawl sy'n ei siarad, bendilio rhwng bywyd a marwolaeth. Yn y cychwyn, gwelwn sut y mae iaith yn gyfrwng sy'n gallu rhoi bywyd i'w siaradwr. Erbyn y clo, gwelwn sut, yn y pen draw, y mae ar iaith angen y siaradwr hwnnw er mwyn achub ei bywyd ei hunan.

Gellid llenwi llyfr cyfan yn olrhain y cerddi Cymraeg sy'n troi at angau i ddelweddu iaith. Dyna gerdd hir, bedwar-caniad, Henry Lloyd (Ap Hefin), 'Angladd y Gymraeg', a ddihysbyddodd fynwent gyfan o drosiadau.[26] Darllenwyd hi yng ngwledd Cymmrodorion Aberdâr ar ddydd Gŵyl Dewi, 1922, yn ôl pob tebyg er mwyn croesawu'r Athro Ifor Williams fel gŵr gwadd. Gallwn ddychmygu'r Athro'n teimlo pwl o edifarhau iddo ddod i'r fath achlysur, wrth i'r ddau ganiad cyntaf ddisgrifio angladd yr iaith. Fel y parot yn y sgets, mae hi'n ddiweddar iaith, yn gyn-iaith, yn iaith sydd wedi marw, wedi huno, wedi'i chladdu, ac wedi went. Mae'n awr galar, trychineb, ing, hiraeth a chwerwder hyd yn oed. Disgrifir yr arch sydd yn llawn hyd at y caead o lyfrau canon yr oesoedd. Ymhlith y pentwr cyfrolau y caiff yr iaith ymadawedig eu cwmni, mae '"Beibl Pitar Williams" / Yn glustog tan ei phen', ac '"Ystorom" Islwyn / Yn ddistaw wrth ei thraed'. 'Whodunnit' o ganiad yw'r trydydd, gyda'r galarwyr yn troedio tua'r cynhebrwng ac yn dechrau holi 'Pa fodd y trengai'r heniaith, / A phwy a'i lladdodd hi?'. Daw tipyn o bopeth o dan amheuaeth, o feirdd 'hualau, a geiriau'r oesau gynt' i'r 'gramadegwyr coleg', ac o'r 'estrones Saesneg' i rieni'r iaith ei hunan am iddynt adael i'w merch fynd 'heb gael dim bwyd'. Druan o'r Iaith a'r Cymmrodorion oll!

Fodd bynnag, wele dro ar fyd. Yn y pedwerydd caniad, mae gwawr Gŵyl Dewi'n torri 'O'r dwyrain, fel y rhos'; a rhwng y wawr a Dewi a thân Duw a cholomen wen, mae pethau'n gwella. Enwir wedyn yr arwyr sy'n dod 'mewn cwmwl golau' i achub yr heniaith â 'Salm atgyfodiad'. Yr olaf, a'r blaenaf yn eu plith, yw neb llai nag Ifor Williams ei hun, y dywededig ŵr gwadd. Yna, try Dewi Sant at geryddu pawb a'u galw'n fradwyr, cyn datgan '"Nid marw, eithr huno mae hi"', ac yna, gan ei gogleisio tan ei gên â chenhinen Pedr felen, mae'r nawddsant yn llwyddo i ddenu'r gwrid yn ôl i'w gruddiau. Hwrê! Popeth yn iawn felly? Na, nid yn hollol. Mae'r effro Ap Hefin yn gweld ei gyfle, a chwpled amwys sy'n cloi'r gerdd: 'Bydd byw am un wythnos eto, / Cyn syrthio i gwsg drachefn'. Rhybudd felly, nad ydyw sbloet Dygwyl Dewi'n mynd i wneud gwahaniaeth arhosol i dynged yr iaith Gymraeg.

Dramodig am farwolaeth iaith a geir hefyd mewn cerddi a welir mewn dwy gyfrol gan Gwyneth Lewis, *Y Llofrudd Iaith*[27] a *Keeping Mum*,[28] a diddorol yw cymharu'r ffyrdd y mae'r un pwnc yn cael ei drin ganddi mewn dwy iaith wahanol. Yn 'A Poet's Confession', cerdd agoriadol y gyfrol Saesneg, wedi llofruddio'r famiaith, mae'r bardd yn disgrifio sut yr oedd yr iaith yn hen wraig 'highly strung, / quite possibly jealous'.[29] Yna, wrth ddod wyneb yn wyneb â ffaith y llofruddiaeth, mae'r bardd yn penderfynu ar bolisi 'keeping mum'.[30] Yn y dywediad 'keeping mum', wrth gwrs, gwelodd Lewis ei chyfle i awgrymu'n amwys ac anesmwyth fod 'cadw'n dawel' a 'chadw'r famiaith' yn gyfystyr â'i gilydd, ac mae'r tyndra yn y chwarae ar eiriau'n rhywbeth na all cyfieithiad megis 'dweud dim' mo'i ddal o gwbl. Yn y gerdd 'Mother Tongue' wedyn, gwelwn fod gan iaith – yn benodol, yr iaith nad ydyw'n famiaith – gemegau chwerw sy'n crafu cefn y llwnc. Yn wir, gwefr profi'r chwerwder hwn yw'r rheswm bod y llofrudd wedi dechrau cyfieithu o gwbl, a thrwy hynny ddechrau ar y llwybr a arweiniodd at y lladd, 'for the bite of another language's smoke / at the back of my throat, its bitter chemicals'.[31] O droi at y fersiwn Gymraeg, a'r gerdd 'Dwyieithrwydd Carma', gwelwn sut y dychmygir iaith fel yr 'haul' neu'r 'lleuad', fel '[c]efngwlad' neu fel 'strydoedd', gan ddibynnu ar ba iaith y cyfeirir ati, cyn y cawn ein taro gan osodiad cignoeth sy'n awgrymu mai holl bwrpas iaith yw darfod, 'Gwaith iaith yw marw'.[32]

Cyfeiriwyd eisoes at Alan Llwyd a'i ddelwedd o iaith fel 'porth' a 'throthwy'. Daw'r geiriau hynny o gywydd saith-caniad cyfoethog a luniodd er cof am ei athro Cymraeg yn Ysgol Botwnnog.[33] Yn yr un gerdd, personolir iaith wrth iddi enwi llefydd fel y mae rhieni'n enwi eu plant, 'Yr iaith unwaith a enwodd / leoedd Llŷn, bob un, o'i bodd'.[34] Delweddir iaith hefyd fel rhywbeth sy'n gyfrwng cyfathrebu holl fyd natur wrth hawlio nad pobl yn unig sy'n medru ei siarad. Mae'r 'llanw a thrai'n / ei siarad', 'a'r rhedyn', 'a'r tir oll'; y gwair hefyd 'a barablai'r iaith', ac mae pob gwaun 'yn waun uniaith'.[35]

Ond os cennir clychau perygl yn chweched caniad y cywydd hwn, wrth i'r bardd ddeisyf ar ei hen athro am gymorth 'rhag i ni lurgunio iaith',[36] clywir cnul cloch angau mewn englyn cynharach o waith Alan Llwyd:

Cyn dileu'n cenedl uniaith – rhaid inni'n
Ddirdynnol farw ganwaith:
Y mae rhai'n marw unwaith,
Ond marw o hyd y mae'r iaith.[37]

Rydym yn ôl ar lan y bedd fan hyn gydag Ap Hefin a Gwyneth Lewis, ac ar erchwyn y gwely angau'n gwylad gyda Waldo; ac eto, mae amwyster yn nelwedd Alan Llwyd, a'r syniad o 'farw o hyd' yn awgrymu bod rhinwedd dadeni'n perthyn i iaith. Amlweddog, os nad amwys, yw'r syniadaeth ynghylch hyn yng ngwaith Waldo hefyd, ac at gwmni ei ddelweddaeth ef y dychwelwn weddill y bennod. Ond cyn troi at ei gerddi, dechreuwn gydag un o'i ysgrifau.

Ar un o dudalennau *Y Ford Gron* ym 1932, mae Waldo'n rhoi rhwydd hynt i'w ddiléit mewn 'Geiriau'.[38] Ni all y darllenydd lai na dotio gydag ef wrth fynd o 'jibidêrs' i 'wilibawan', o 'siw' i 'miw' yn ddifyrrwch bob cam. Eto i gyd, o dan yr hwyl, ceir cipolwg ar sensitifrwydd a pharch y bardd at eiriau, a'i ymwybyddiaeth o bwysigrwydd deall gair yn ei gyd-destun. I Waldo, mae'n fater o 'adnabod' gair, nid ei 'wybod'. Gwrandewch ar y modd y mae'n personoli geiriau wrth ddweud fel hyn, '[r]wy'n sicr y buasai jibidêrs lawn cystal dyn pe bai'n fab i rywun arall', cyn mynd ymlaen at adran arall lle dywed mai '[p]rofiad melys iawn yw dod i adnabod gair. Cas gennyf ddyn sy'n ymwthio i mewn rhyngof a dyn arall a dweud wrthyf sut un yw'r llall. Hoffaf ddod o hyd i rinweddau a gwendidau fy nghydnabod o'm rhan fy hun. Felly byddaf gyda gair.'[39]

Fodd bynnag, tua diwedd yr ysgrif, mae'r naws gellweirus yn newid. 'Hiraeth' yw is-bennawd yr adran olaf, ac yma mae'r cynnwys yn gorgyffwrdd yn agos â'i gerdd 'Cofio'.[40] Tynnodd Thomas Parry sylw at y gorgyffwrdd hwn,[41] ond mae Damian Walford Davies yn llygad ei le yn nodi cyndynrwydd Parry i gydnabod ei arwyddocâd. Aiff Damian ymhellach drwy gyplysu'r adran hon yn yr ysgrif â'r weledigaeth sydd nid yn unig yn 'Cofio' ond hefyd yn 'Yr Heniaith' ac, i raddau llai, yn 'Mewn Dau Gae'.[42] Dyfynnaf yr adran berthnasol o ysgrif Waldo:

> Gan hynny dychmygaf weld yr hen eiriau, trwy gydol yr oesoedd, yn syrthio oddi ar bren eu hiaith fel ffigys ir i'r llawr, hyd nes o'r diwedd daw gwanwyn pan na wisga'r

pren ddail a blodau megis cynt, a hydref pan na ddwg ffrwyth yn ôl ei arfer. Tristâ llawer pan fyddo pren yn dechrau methu, ond wedi iddo hen grino, â dynion allan i'w gwaith yn llawen, a thorrant ef i lawr am ei fod yn diffrwytho'r tir.[43]

Gan gyfeirio at y dail a'r pren yn y paragraff uchod, gwêl Damian fod yma 'fersiwn dywyll o ddelwedd ddathliadol campwaith y bardd "Mewn Dau Gae"'. Dewis doeth a chraff yw'r gair 'fersiwn', oherwydd er y tebygrwydd, nid yr un yw na gwrthrych nac ergyd y trosiad yn y gerdd a'r ysgrif. 'Dagrau' sydd 'fel dail pren' yn 'Mewn Dau Gae',[44] 'geiriau' yw gwrthrych trosiad yr ysgrif.

Wrth fynd heibio, cydiaf fan hyn yn awgrym Ned Thomas, sydd hefyd yn tynnu sylw at ddelwedd y 'dail pren' yn yr ysgrif, ac sy'n pendroni dros y cyswllt rhwng y ddelwedd a'r syniad a ddaeth i fri wrth i'r diddordeb mewn ieitheg hanesyddol a chymharol ddatblygu tua chanol y bedwaredd ganrif ar bymtheg.[45] Yn y ddisgyblaeth honno, y man lle mae'r athronwyr a'r ieithwyr yn cwrdd, gwelir hyd heddiw ddefnyddio delwedd y goeden deuluol wrth drafod iaith. Tadogir y ddelwedd i August Schleicher a'i defnyddiodd mewn erthygl ym 1853 fel dull o ddosbarthu ieithoedd, a hynny'n amlwg o dan ddylanwad dulliau tacsonomi neu ddosbarthiad botaneg.[46]

Bid a fo am hynny, yr hyn sy'n anesmwytho rhywun am y ddelweddaeth gan Waldo ar ddiwedd ei ysgrif yw'r symudiad o'r tristáu, a ddaw wrth weld y pren yn methu, i'r llawenydd sy'n dod yn sgil ei thorri i lawr; a'r torri i lawr yn ei dro'n digwydd yn sgil dygymod â'r ffaith ei bod yn 'diffrwytho'r tir'. Nid yw'r bardd yn gwneud dim o ddelwedd y 'ffigys ir' a gyflwynir ganddo, ac a allai fod yn symbol o obaith pe byddem yn cael eu gweld yn bwrw gwreiddiau newydd yn y tir. Canolbwyntio ar y pren diffrwyth a wna yn hytrach. Ac felly, rhybudd sydd yma ar i ni ofalu am y pren rhag dod dydd y bydd hi'n ddim ond rhwystr i genedlaethau'r dyfodol. Mae'n rhybudd creulon, a'r syniad o blant ein plant yn llawenhau wrth waredu olion yr iaith, ynghyd â'r syniad o'r iaith ei hun yn diffrwytho'r tir, yn atgas. Os dewisodd Damian y gair 'fersiwn' yn ddoeth, felly hefyd yr ansoddair 'tywyll'.

Yn yr ystyr 'heb obaith', mae 'tywyll' yn ansoddair sy'n briodol i ddisgrifio ymagwedd Waldo at y Gymraeg mewn mannau eraill hefyd. Dychwelwn at Ned Thomas, a'r tro yma, edrychwn gydag yntau ar 'Cofio'.[47] Mae ei ymdriniaeth sensitif yn dangos sut y mae tywyllwch adran olaf yr ysgrif 'Geiriau' yn bwrw ei gysgod ar y gerdd. Sylwch ar sut y clywir tinc pruddglwyfus yn llinell glo pob pennill yn 'Cofio'. Mae'r pethau 'ar goll yn awr yn llwch yr amser gynt'; maen nhw'n 'anghofiedig' gan ddynol-ryw; mae'r duwiau yn rhai 'na ŵyr neb amdanynt 'nawr'; er tlysed oedd y 'geiriau bach' 'ym mharabl plant bychain', fel hyn mae'r pennill yn cloi: 'tafod neb ni eilw arnynt mwy';[48] ac os yw'r bardd yn gwybod bod y geiriau'n galw, rhaid derbyn mai 'galw'n ofer' a wnânt. Gellir dadlau bod troi cystrawen cwpledi clo'r ddau bennill olaf yn gwestiwn – 'A erys ond tawelwch (...)?' ac 'A oes a'ch deil o hyd (...)?' – rywsut yn agor cil y drws i rywfaint o obaith, eto nid yw'n ddigon i argyhoeddi'r darllenydd bod y bardd yn disgwyl atebion cadarnhaol.

Wrth droi at 'Yr Iaith a Garaf', gwelwn mai tebyg yw profiad y darllenydd wrth gyrraedd diwedd y gerdd honno hefyd, lle na all fod yn gwbl sicr bod yr iaith yn mynd i oroesi. Mae marw'r bardd yn anochel. Ydy marw'r iaith yr un mor anochel, felly? Wedi'r cyfan, dim ond cyhyd ag y bo'r bardd yn fyw y gall fod yn gwbl sicr y bydd yr iaith hefyd yn fyw.

Beth felly am y ddwy gerdd arall gan Waldo sy'n ymdrin yn benodol ag iaith, 'Cymru a Chymraeg' ac 'Yr Heniaith'?[49] Sut awyrgylch sydd yng nghlo'r cerddi yma, tybed? Brysiwn at linell glo 'Cymru a Chymraeg', a gwelwn yn llawen holl ansicrwydd diwedd erthygl 'Geiriau', diwedd 'Yr Iaith a Garaf' a diwedd 'Cofio' yn diflannu, gyda datganiad sy'n addo dyfodol i'r iaith Gymraeg, 'Bydd hi mor ieuanc ag erioed, mor llawn direidi'.

Estyniad a geir yma o'r ddelwedd a gyflwynir dair llinell yn flaenorol lle gwelir y Gymraeg yn '[f]erch perygl'. Un fentrus yw hi, sy'n medru dal ei thir lle mae eraill wedi methu. Mae ganddi weledigaeth sydd 'yn gliriach na phroffwydi'. Yn fwy na hynny, mae ganddi'r nerth i godi mynyddoedd a'u gosod yn rhydd, 'Ni fedr ond un iaith eu codi / A'u rhoi yn eu rhyddid yn erbyn wybren cân.' O ddeuair grymus y cymal cyntaf, 'Dyma'r mynyddoedd', drwy ebychiad y cymal ar ddechrau'r chwechawd, 'Tŷ teilwng i'w dehonglreg!', anodd peidio â theimlo bod egni ac asbri'r ferch ifanc, yr un sydd 'mor llawn direidi', yn hyrddio'r soned yn ei blaen.

Rhennir y llinellau yn ddeg brawddeg fer sy'n cynnal tempo cyflym, ar wahân i'r adran ar ddiwedd yr wythawd agoriadol, lle mae pedair llinell yn goferu ac yn arafu pethau fymryn wrth i'r bardd ryfeddu at y creigiau sydd wedi eu dal gan amser 'yn nhro tragwyddoldeb dawns'. Yna, mae'r atalnodi'n creu brys eto. Pwysleisir y risg y mae'n rhaid i'r iaith ei hwynebu: mae'r awyr yn 'denau', cyfeirir at 'codwm' a 'chwaraele siawns', a thiriogaeth ansicr 'terfynau amser'. Mae'r 'gwynt yn chwipio', profir syrthio a diffygio. Ond mae'r iaith, y ferch ifanc, yn dal ati, a mwy na hynny, mae ganddi addewid dyfodol: 'bydd'. Fel y mae teitl y soned yn ei awgrymu, mae'r berthynas rhwng y wlad a'r iaith yn annatod. Crisielir hyn wrth ddelweddu'r wlad fynyddig fel 'tŷ teilwng' iddi, a'r iaith, yn ei thro, fel 'dehonglreg' y tŷ.

Cydir yn y syniad hwn o deilyngdod yn 'Yr Heniaith' hefyd, ond yma, fe'i cawn ar ei wedd negyddol, wrth i 'wybren cân' 'Cymru a Chymraeg' ildio i 'udo', ac wrth i'r iaith gael ei gorfodi i holi 'Dros y rhai sy'n annheilwng' ohoni. Mae'r ferch ifanc a welwyd yn y soned fel pe bai wedi nychu yma, ac yn lle creu'r argraff mai'r iaith sy'n arwain yr antur, mae cerdd 'Yr Heniaith' yn gosod iaith ar yr ymylon. 'Ar ddisberod o'i gwrogaeth hen', fe'i cawn yn ansicr o'i dyfodol, wrth iddi holi 'pa yfory a fydd'.

Fel 'Cofio', cyrhaeddodd 'Yr Heniaith' hefyd gasgliad cyntaf *Hoff Gerddi Cymru*,[50] a thrafodwyd y gerdd hon yn helaeth gan sawl esboniwr eisoes, gyda nodiadau'r bardd ei hunan mewn llythyr at ei gyfeilles Anna Wyn Jones yn cynnig goleuni llachar arni.[51] Ond gadewch inni graffu'n benodol ar ei delweddaeth drawiadol am ennyd, gan ddechrau â'r ddelwedd sy'n agor y gerdd lle'r awgrymir y syniad o ieithoedd fel breninesau. Deallwn yn fuan, fodd bynnag, nad pob iaith sy'n meddu ar goron a llys llewyrchus. Yn y llythyr esboniadol, mae Waldo'n nodi mai ieithoedd gwladwriaethau'r byd oedd ganddo yn ei feddwl wrth gyfeirio at y rhai 'disglair eu coronau'[52] (rydym yn gwybod ei fod wedi astudio Almaeneg a Lladin ym mlwyddyn gyntaf ei gwrs gradd, a'i fod hefyd wedi dysgu Gwyddeleg a Ffrangeg, ac, yn ôl awgrym mewn llythyr arall, ei fod yn gohebu yn Ffrangeg â'i ffrind, Anna, o dro i dro).[53]

Gwrthgyferbynnir y syniad o frenhines yn y ddelwedd nesaf lle gwelir iaith fel crwydryn. Yn ei esboniad, mae Waldo'n cyffelybu'r crwydryn a geir yma ag arwr. 'Mae'r iaith Gymraeg', meddai, 'fel rhai o'r arwyr dienw y sonnir amdanynt yn Hebreaid 11, y rhai nid [sic] oedd y byd yn deilwng ohonynt, yn crwydro mewn anialwch a mynyddoedd a thyllau ac ogofeydd y ddaear'.[54] A beth mae'r crwydryn hwn o iaith yn ei wneud? 'Ymwrando'. Yn aml, wrth drafod iaith, ystyrir gwrando a darllen yn agweddau goddefol, tra bo siarad ac ysgrifennu'n agweddau gweithredol. Ac er nad wyf innau'n rhannu'r farn hon, rhaid derbyn bod portreadu'r crwydryn fel un sy'n 'ymwrando' ac yn amddifad o'r weithred o 'siarad', rywsut yn dwysáu natur druenus y personoli. At hyn, mae'r ferf atblygol 'ymwrando' yn hytrach na 'gwrando' fel pe byddai'n ynysu'r iaith ymhellach oddi wrth gyfathrach ddwyffordd â chymdeithas. Dyma iaith nad ydym yn ei chlywed ac nad ydyw'n gwrando arnom. Fel y mae Derec Llwyd Morgan yn ei awgrymu, y darlun a gawn yw un o iaith sy'n 'gwrando ar rannau ohoni hi'i hun'.[55]

Yn ôl at lythyr Waldo, ac fe'i gwelwn yn esbonio fel hyn: 'Cyfrwng yw iaith. Dweud am bethau. Mae ein sylw ar y pethau cyn inni sylwi ar y dweud.'[56] Yn y modd hwn, mae iaith yn gyfrwng hanfodol ond cuddiedig. Yn hynny o beth mae hi'n fwy o 'glywed' nag o 'siarad', ac mae'n ddiddorol nodi sut y mae'r Gymraeg ers canrifoedd wedi defnyddio'r ferf 'clywed' i olygu 'synhwyro' yn gyffredinol, heb ei chyfyngu i synnwyr y 'clyw' yn unig. Yn hanner cyntaf yr ail bennill, ceir un trosiad ar ôl y llall o'r syniad hwn o iaith fel cyfrwng anweledig, tebyg i'r synhwyrau (cofiwn yma am syniadau D. J. Griffiths yn y bennod gyntaf). Fe'i delweddir fel 'goleuni' (cyfrwng i weld); fel 'awyr' (cyfrwng i arogli); fel 'dwfr i'n genau' (cyfrwng i flasu); ac mae ei chyffyrddiad hi arnom ac amdanom hefyd yn ddisylw (a noder mai'r ferf 'clywed' a ddefnyddir ar gyfer 'teimlo' fan hyn): 'Ni chlywem ei breichiau am ei bro ddiberygl'. Wedi'r syniad dirdynnol o 'ddoe dihiraeth' a man lle nad yw'r ehedydd yn gallu codi oherwydd bod – a dyma'r esboniad yn y llythyr – 'rhyw haen o awyr uwchben na all e ddim mynd trwyddo',[57] try'r pennill yn ôl at y synhwyrau yn y llinell glo gan gyfeirio atynt fel y 'pum llawenydd', a gwelwn y diffyg sylwi'n troi'n ddiffyg gwybod: 'Heb wybod colli ei phum llawenydd'. Yn y tir hwn, mae'r golled yn llwyr. Nid erys yma hyd yn oed fymryn o hiraeth a allai atgoffa'r Cymry o'r iaith a fu ganddynt unwaith.

Ond wedyn, yn y pennill olaf, delweddir iaith fel noddwraig hael, urddasol, yn arllwys gwin i'r rhai a fydd yn eu tro yn dod yn ddeffrowyr cenhedloedd. Try'r trydydd person lluosog yn berson cyntaf lluosog, ac mae'r '[n]yni', o allu gweld urddas yr iaith 'trwy niwl ei hadfyd', yn clywed apêl sy'n atsain â diweddglo 'Preseli',[58] gan annog fel hyn: 'codwn yma yr hen feini annistryw'. Rydym ymhell o'r pren sydd yn yr ysgrif 'Geiriau', y pren a dorrir am ei bod hi'n 'diffrwytho'r tir', ac ymhell o 'hen ieithoedd diflanedig' 'Cofio', a phell hefyd o glafychu 'Yr Iaith a Garaf'. Meini 'annistryw' yw'r rhain. Mae modd eu hailgodi. Ac o wneud hynny, mae modd sicrhau dyfodol i'r iaith.

Mae gan John Koch sylw diddorol am yr union feini yn ei gyfraniad mewn casgliad o draethodau am ffiloleg.[59] Mae'n cyfieithu'r llinell, 'Codwn yma ei [sic] hen feini annistryw' fel hyn, 'come, let us raise here her ancient stones undestroyed!', gan fynd ymlaen i esbonio i'r darllenwyr Saesneg fod 'yr heniaith' yn gallu cyfeirio, ar y naill law at yr iaith hynafol ac, ar y llall, at Gymraeg heddiw.[60] Ystyria mai Cymraeg heddiw sydd gan y bardd yn y cwpled hwn, 'he is talking about living Welsh'.[61]

Yna, gan gyfeirio at drosiad y meini, dywed, 'in this metaphor the objective of the philologist, the language movement, and even minority nationalism are one and the same – the strength and vision to restore a ruin, not as a museum piece, but as a functioning architecture'.[62] A dyma ni wedi cyrraedd yn ôl at 'seiliau cadarn' englyn Ieuan Glan Geirionydd o frig y bennod. Ond troi at gyfoeswr i Glan Geirionydd a wna Koch nesaf, a hwnnw'n gymeriad go wahanol i'r englynwr, wrth ein hatgoffa bod y trosiad hwn o'r meini wedi cael ei ddefnyddio gan Matthew Arnold yn ei ddarlithoedd dadleuol, *On the Study of Celtic Literature*. Yma mae Arnold, wrth sôn am y Mabinogion fel cofadail mwyaf clodwiw rhyddiaith gynnar y Gymraeg, yn disgrifio Cyfarwydd yr oesoedd canol fel hyn, 'the medieval story-teller is pillaging an antiquity of which he does not fully possess the secret', cyn mynd rhagddo i ddweud, 'he builds, but what he builds is full of materials of which he knows not the history, or knows by a glimmering tradition merely; stones "not of this building", but of an older architecture, greater, cunninger, more majestical'.[63]

Gadawn ni Arnold yn y fan a'r lle, oherwydd yn wahanol iddo yntau, nid creu theorïau o bell am y Gymraeg oedd diddordeb Waldo. Cofiwn mai hon oedd yr iaith a garai. A chydag ailgodi'r meini, cyrhaeddwn y gobaith yr ydym wedi dod i ddibynnu ar Waldo i'w gynnig inni; y gobaith taer na all neb ei gynnig ond rhywun sy'n gwybod yn rhy dda am berygl anobaith. Yn y llythyr hwnnw at Anna Wyn Jones, esbonia, '[n]a, meddwn i yn y trydydd pennill, does dim rhaid bod heb obaith'. Aiff yn ei flaen i nodi'r camau sydd angen eu cymryd:

Mae'r llys yn furddyn [*sic*], ond mae'r meini'n annistryw. Codwn y llys. Rhown wladwriaeth i Gymru, wedyn bydd urddas ar yr iaith, a bydd adferiad ar y wlad ymhob cylch. Jeremeia, rwy'n meddwl, sy'n proffwydo am yr amser da i'r genedl yn y termau hynny – y colomennod yn hedfan i'w ffenestri.[64]

Tynnodd Jason Walford Davies sylw eisoes at y cam-gofio fan hyn, gan nodi mai yn Eseia 60 y ceir yr adnod wreiddiol, nid yn Jeremeia.[65] Fel hyn y mae hi ym Meibl William Morgan, 'pwy yw y rhai hyn a ehedant fel cwmwl, ac fel colomennod i'w ffenestri?'.[66] A dyma gwpled clo 'Yr Heniaith', 'Pwy yw'r rhain trwy'r cwmwl a'r haul yn hedfan / Yn dyfod fel colomennod i'w ffenestri?'. Mae Jason yn tynnu sylw at y modd y mae Waldo wedi cyfnewid 'fel' yr adnod i 'trwy', 'trwy'r cwmwl a'r haul'.[67] A chyda'r gair 'trwy', oni welwn ei fod yn rhoi syniad o ymdrech a dyfalbarhad i'r clo, lle mae'r hedfan yn digwydd trwy'r dyddiau blin (y cwmwl) a thrwy'r dyddiau da (yr haul) fel ei gilydd? Sylwer nad oes sôn am 'haul' yn yr adnod, ond wrth ei ychwanegu mae'r bardd yn peri i'r symudiad fod yn un o dywyllwch i oleuni. Pwysleisir y gobaith a awgrymir gan hyn wrth gofio mai'r 'ffenestri', fel y mae *Y Beibl Cymraeg Newydd* yn dangos inni, yw'r 'nythle'.[68] Dod adref a wna'r colomennod felly, fel mewn cerdd arall o waith Waldo, lle gwelwn y wennol yn dod 'yn ôl i'w nyth'.[69] Gyda'r cwpled o gwestiwn sy'n cloi 'Yr Heniaith', trawsblennir holl naws obeithiol Eseia 60 i'r gerdd; ac o gael gafael yn y cyfeiriad hwn o'r Hen Destament, ac yna edrych yn ôl ar y gerdd yn ei chyfanrwydd, gwelwn fod y 'switshys', chwedl Waldo, wedi bod yno o'r llinell gyntaf un. Mae'r disgleirdeb, y tŷ, yr adeiladu muriau, y symudiad o'r gwrthodedig i'r ardderchowgrwydd oll yn hanu o'r bennod. Ac mae addewid y gwanwyn ym mhennill olaf y gerdd yn adleisio'r gwireddu addewidion a broffwydir gan Eseia wrth gysuro Seion. Yn y bennod o'r Beibl, ailadroddir 'bydd' naw gwaith a 'daw' saith gwaith, hyd nes, yn adnod 20, dywedir fel hyn, 'daw diwedd ar ddyddiau dy alar'. Nid oes angen ymhelaethu ar effaith dechrau adnod 22, sef yr adnod olaf, ar ein cerdd ni nac ar ein bardd, mwy na'i dyfynnu: 'Daw'r lleiaf yn llwyth, a'r ychydig yn genedl gref'.

Ond geiriau olaf un y bennod yn Eseia yw 'brysiaf i wneud hyn yn ei amser'. Mae bwlch o ugain, ac un mlynedd ar hugain, rhwng cyhoeddi'r 'Iaith a Garaf' (1927) ac yna 'Cymru a'r Gymraeg' (1947) ac 'Yr Heniaith' (1948). Rydym yn gwybod o'i soned

'Cymru'n Un', a gyhoeddwyd hefyd ym 1947, fod Waldo'n ymwybodol o le amser yn y gwaith o adfywio'r Cymry, cofiwn am y llinell glo: 'Gobaith fo'n meistr: rhoed Amser inni'n was.'[70] Efallai, gyda threigl amser, i Waldo ddysgu nad oes diben hiraethu am y Gymraeg. Gweithredu drosti, yn hytrach, sydd raid.

Nododd John Rowlands, mewn dehongliad praff o waith Waldo, mai '[r]han o wyrth y bardd hwn yw iddo allu sôn am egwyddorion haniaethol fel petaent yn sylweddau'.[71] Tybiaf fod y cerddi hyn am y Gymraeg yn esiamplau gwiw o'r gallu hwnnw. Dylid cofio, fodd bynnag, am gymal nesaf dyfyniad Rowlands, 'ond fiw inni fynd yn rhy agos atynt chwaith, a'u bodio'n ddigywilydd, neu fe drônt yn ansylweddol unwaith eto'.[72]

Rhag mynd yn rhy agos, felly, gadawn Waldo, a rhoi'r gair olaf i'r iaith Gymraeg ei hunan. Gruffydd Robert, Canon Milan, sy'n rhoi llais iddi yn ei ragymadrodd i'r Gramadeg rhyfeddol hwnnw o'r unfed ganrif ar bymtheg. Yn gyntaf isod, fe'i clywn hi'n ymesgusodi'r awdur am adael pethau allan. Manteisiaf innau ar ei hymddiheuriad:

O herwydd hynn, gan nad wyf ond dechrau etto, rhaid iti (ddarlleydd howddgar) pan welych, ar hynn o gais ddim a allessid i ddoedyd, wedi adel allan, ne rywbeth wedi gyfleu allan oi ddyledus le, ne ddiphig mewn rhyw phordd arall, beidio a gwradwyddo'r neb, o ewyllys da ymy a 'mcanodd fynwyn i fraint celfyddyd.[73]

Ond cyn hynny, mewn llith o fawl i noddwr y gwaith, William Herbert, Iarll o Benfro ac Arglwydd o Gaerdydd, mae'n nodi iddi fod wedi cerdded o 'fraidd benn yr hysbaen trwy phrainc, Phlandria ag Alemania, a'r Eidal hyd yn eithaf Calabria tan ymofyn ymhob lle am gyflwr, braint, a helynt yr ieithoedd sydd tu draw i hynny […]'.[74]

Gyda hynny, mae'n bryd i'n taith ninnau adael Cymru a chrwydro yn yr un modd, gan holi sut y delweddir iaith gan rai beirdd o bant.

Nodiadau

1 Waldo Williams, 'Yr Heniaith', yn *Dail Pren*, gol. Mererid Hopwood (Llandysul: Gomer, 2010), t. 80.

2 D. Gwenallt Jones, 'Cymru', yn *Cerddi Gwenallt: Y Casgliad Cyflawn*, gol. Christine James (Llandysul: Gomer, 2001), t. 106.

3 Ieuan Glan Geirionydd, 'I'r Iaith Gymraeg', yn *Ieuan Glan Geirionydd*, gol. Ab Owen (Conwy: R. E. Jones a'i Frodyr, 1908), t. 30.

4 Alan Llwyd, 'Un Tadol wrth Blant Ydoedd', yn *Cyrraedd a Cherddi Eraill* (Llandysul: Cyhoeddiadau Barddas, 2018), t. 132.

5 J. Eirian Davies, 'Penbleth', yn *Cân Galed* (Llandysul: Gwasg Gomer, 1974), t. 12.

6 Gerallt Lloyd Owen, 'Etifeddiaeth', yn *Cerddi'r Cywilydd* (Caernarfon: Gwasg Gwynedd Caernarfon, 1990), t. 11.

7 Gw. tt. 172–3.

8 Alan Llwyd (gol.), *Y Flodeugerdd o Ddyfyniadau Cymraeg* (Llandysul: Gwasg Gomer/Cyhoeddiadau Barddas, 1988), t. 83.

9 D. Myrddin Lloyd (gol.), *Detholiad o Erthyglau a Llythyrau Emrys ap Iwan*, 3 chyfrol (Dinbych: Gwasg Gee ar ran Y Clwb Llyfrau Cymreig, 1937), I. Gwlatgar, Cymdeithasol, Hanesiol, t. 24.

10 Llwyd (gol.), *Y Flodeugerdd o Ddyfyniadau Cymraeg*.

11 Lloyd (gol.), *Detholiad o Erthyglau a Llythyrau Emrys ap Iwan*, t. 24.

12 Gw. Aneirin Karadog ac Eurig Salisbury (goln), *Y Gynghanedd Heddiw* (Talybont: Cyhoeddiadau Barddas, 2020), tt. 109–10.

13 Gw. tt. 172–3.

14 Gw. tt. 166–7.

15 Gw. t. 170.

16 Gw. t. 174.

17 Gw. t. 171.

18 Ibid.

19 Geraint H. Jenkins (gol.), *Y Gymraeg yn ei Disgleirdeb* (Caerdydd: Gwasg Prifysgol Cymru, 1997).

20 Waldo Williams, *Dail Pren*, t. 80.

21 Ibid.

22 Mae Dilys Williams, chwaer Waldo, yn cadarnhau mai Saesneg oedd iaith yr aelwyd, yn Dilys Williams, 'Ychydig Ffeithiau', *Y Traethodydd*, 128/540 (Hydref 1971), 205–7 (t. 205).

23 Waldo Williams, 'Yr Heniaith', yn *Dail Pren*, t. 80; Waldo Williams, 'Yr Iaith a Garaf', yn *Waldo Williams: Cerddi 1922–1970*, goln Alan Llwyd a Robert Rhys (Llandysul: Gomer, 2014), t. 11; Waldo Williams, 'Cymru a Chymraeg', yn *Dail Pren*, t. 84; Waldo Williams, 'Cofio', yn *Dail Pren*, t. 65.

24 Waldo, 'Yr Iaith a Garaf', *The Dragon / Y Ddraig*, 1/1 (Tymor Gŵyl Fihangel, 1923), 32. Noder mai fel 'WALDO' y rhoddir ei enw o dan y gerdd. Ymddengys felly ei fod, fel bardd, yn hepgor y Williams mor gynnar â 1927.

25 'A synio'r wyf mai sŵn yr iaith / Wrth lithro dros ei min, / Roes i'w gwefusau'r lluniaidd dro, / A lliw a blas y gwin.' John Morris-Jones, 'Rhieingerdd', yn Gwynn ap Gwilym ac Alan Llwyd (goln), *Blodeugerdd o Farddoniaeth Gymraeg yr Ugeinfed Ganrif* (Llandysul: Gwasg Gomer/Cyhoeddiadau Barddas, 1987), t. 2.

26 Ap Hefin, 'Angladd y Gymraeg', *Cymru*, 68 (1925), 86–7.

27 Gwyneth Lewis, *Y Llofrudd Iaith* (Llandybïe: Cyhoeddiadau Barddas, 1999).

28 Gwyneth Lewis, *Keeping Mum* (Northumberland: Bloodaxe Books, 2003).

29 Ibid., t. 13.

30 Ibid.

31 Ibid., t. 15.

32 Ibid., t. 18.

33 Alan Llwyd, 'Un Tadol Wrth Blant Ydoedd', tt. 128–36.

34 Ibid., t. 133.

35 Ibid., t. 134.

36 Ibid., t. 135.

37 Alan Llwyd, 'Gwewyr', yn *Cerddi Alan Llwyd 1968–1990: Y Casgliad Cyflawn Cyntaf* (Llandybïe, Cyhoeddiadau Barddas, 1990), t. 201.

38 Waldo Williams, 'Geiriau', *Y Ford Gron*, 2/9 (Gorffennaf 1932), 205.

39 Ibid.

40 Ymddangosodd 'Cofio' mewn rhifyn blaenorol o'r un cyfnodolyn, ond am y gerdd gw. Williams, *Dail Pren*, t. 65.

41 Thomas Parry, 'Barddoniaeth Waldo Williams', *Y Genhinen* 21/3 (Haf 1971), 114–18.

42 Damian Walford Davies (gol.), *Waldo Williams: Rhyddiaith* (Caerdydd: Gwasg Prifysgol Cymru, 2001), t. 27.

43 Williams, 'Geiriau', 205.

44 Williams, *Dail Pren*, t. 17. Cyhoeddwyd 'Mewn Dau Gae' yn wreiddiol, gyda llaw, bedair blynedd ar hugain wedi'r ysgrif yn y *Y Ford Gron*.

45 Dyma pryd y dechreuodd Adalbert Kuhn (1812–81) gyhoeddi'r cyfnodolion yn y maes sydd wedi arwain at y cyfnodolyn dylanwadol *Historische Sprachforschung / Historical Linguistics* a gyhoeddir hyd heddiw.

46 August Schleicher, 'Die ersten Spaltungen des indogermanischen Urvolkes', *Allgemeine Monatsschrift für Wissenschaft und Literatur*, 3 (1853), 786–7. Disgybl i Schleicher oedd Johannes Schmidt, a gyflwynodd ddelwedd arall, sef delwedd y don, i gynrychioli datblygiad ieithoedd. Bwriad y ddelwedd hon oedd egluro'r ddamcaniaeth bod nodweddion iaith, neu yn hytrach eu heffaith, yn ymestyn o bwynt canolog cryf ac yn gwanhau fesul tipyn, megis y cylchoedd sy'n ymddangos wedi i garreg gael ei thaflu ar wyneb dŵr. Gw. Johannes Schmidt, *Die Verwandtschaftsverhältnisse der indogermanischen Sprachen* (Weimar: Hermann Böhlau, 1872).

47 Ned Thomas, *Waldo* (Caernarfon: Gwasg Pantycelyn, 1985), tt. 31–3 (cyfres *Llên y Llenor*).

48 Waldo Williams, 'Cofio', yn *Dail Pren*, t. 65.

49 Waldo Williams, 'Cymru a Chymraeg' ac 'Yr Heniaith', yn *Dail Pren*, tt. 84, 80.

50 *Hoff Gerddi Cymru* (Llandysul: Gwasg Gomer, 2000). Gw. 'Cofio' fel rhif 4, t. 4, ac 'Yr Heniaith' fel rhif 54, t. 75.

51 Gw. Walford Davies (gol.), *Waldo Williams: Rhyddiaith*, tt. 102–4.

52 Ibid., t. 102.

53 Waldo Williams mewn llythyr at Anna Wyn Jones (25 Ionawr 1948), Llawysgrif Llyfrgell Genedlaethol Cymru 23896D, 3. Gw. *Waldo Williams: Cerddi 1922–1970*, t. 618.

54 Walford Davies (gol.), *Waldo Williams: Rhyddiaith*, t. 103.

55 Jason Walford Davies, '"Pa Wyrth Hen Eu Perthynas?": Waldo Williams a "Chymdeithasiad Geiriau"', yn Damian Walford Davies a Jason Walford Davies (goln), *Cof ac Arwydd, Ysgrifau Newydd ar Waldo Williams* (Llandybïe: Cyhoeddiadau Barddas, 2006), tt. 163–211 (t. 164).

56 Walford Davies (gol.), *Waldo Williams: Rhyddiaith*, t. 103.

57 Ibid.

58 Waldo Williams, 'Preseli', yn *Dail Pren*, t. 20. Gw. yn benodol y llinell 'Cadwn y mur rhag y bwystfil'.

59 John T. Koch, 'Thoughts on Celtic Philology and Philologists', yn Jan Ziolkowski (gol.), *On Philology* (University Park PA: Pennsylvania State University Press, 1990), tt. 31–6.

60 Ibid., t. 33.

61 Ibid.

62 Ibid., tt. 33–4.

63 Matthew Arnold, *On the Study of Celtic Literature* (Llundain: Smith, Elder & Co, 1867), t. 61.

64 Walford Davies (gol.), *Waldo Williams: Rhyddiaith*, t. 105.

65 Walford Davies, '"Pa Wyrth Hen Eu Perthynas?"', t. 179.

66 *Y Beibl Cysegr-lân*, cyfieithiad William Morgan (Llundain: Y Gymdeithas Feiblaidd Frytanaidd a Thramor), t. 726.

67 Walford Davies, '"Pa Wyrth Hen Eu Perthynas?"', t. 179.

68 '"Pwy yw'r rhain sy'n ehedeg fel cwmwl, ac fel colomennod i'w nythle?"', yn *Y Beibl Cymraeg Newydd* (Swindon: Cymdeithas y Beibl, 1988), t. 616.

69 Waldo Williams, 'Daw'r Wennol yn Ôl i'w Nyth', yn *Dail Pren*, t. 19.

70 Waldo Williams, 'Cymru'n Un', yn *Dail Pren*, t. 78.

71 John Rowlands, 'Waldo Williams – Bardd y Gobaith Pryderus', yn James Nicholas (gol.), *Waldo: Teyrnged* (Llandysul: Gwasg Gomer, 1977), tt. 203–13 (t. 206).

72 Ibid.

73 Gruffydd Robert, 'Dosparth Byrr Ar Y Rhann Gyntaf i Ramadeg Cymraeg' (Milan, 1567), t. 9.

74 Ibid., t. 2.

PENNOD 3

Cwrwgl

CEIST NA TEANGAN[1]

Cuirim mo dhóchas ar snámh
i mbáidín teangan
faoi mar a leagfá naíonán
i gcliabhán
a bheadh fite fuaite
de dhuilleoga feileastraim
is bitiúman agus pic
bheith cuimilte lena thóin

ansan é a leagadh síos
i measc na ngiolcach
is coigeal na mban sí
le taobh na habhann,
féachaint n'fheadaraís
cá dtabharfaidh an sruth é,
féachaint, dála Mhaoise,
an bhfóirfidh iníon Fhorainn?

Nuala Ní Dhomhnaill (1952–)

111 milltir

(Aberystwyth – Dulyn)

Cwrwgl

Nid yw iaith, yn benodol yr iaith Wyddeleg, fyth ymhell o benawdau'r newyddion yn Iwerddon. Gwelodd 2021, blwyddyn paratoi'r gyfrol hon, anghytuno a cholli swyddi ar reng uchaf y llywodraeth yng ngogledd yr ynys oherwydd deddfwriaeth iaith. Nid yw'n fawr o syndod felly fod iaith yn brigo'n gyson fel thema ym marddoniaeth Wyddeleg a Gwyddelig gyfoes, a bod y farddoniaeth hon felly'n ffynhonnell gyfoethog o ran delweddau am iaith. Ac nid oes angen craffu'n rhy hir cyn gweld bod y delweddau hyn yn aml yn llawn deuoliaeth.[2] Gwelir y Wyddeleg yn cael ei chyfleu fel gem werthfawr, ac eto fel peth diwerth ar ben y farced; fel rhywbeth melys, persain, ac eto mae gwarth yn dod o'i siarad; fel ffynhonnell pob daioni, ac eto, mae'r ffynnon bellach yn sych; fel y glud sy'n dal rhwymau cymdeithas, ac eto nid oes dyfodol i gymdeithas lle hi yw'r unig iaith; fel gwraig hardd sy'n denu'r bardd, ac eto hefyd fel hen wrach biwis.[3]

Bardd sydd wedi ymdrin droeon â mater yr iaith yn Iwerddon yw Colm Breathnach, ac mae'r ddeuoliaeth yn ei waith yntau wedi peri i un beirniad, Liam Carson, ei ddisgrifio fel 'a poet of the betwixt and between'.[4] Yn aml gwelir Breathnach yn archwilio'r diriogaeth rhwng y Wyddeleg a'r Saesneg, rhwng y presennol a'r gorffennol, rhwng bywyd a marwolaeth.[5] Ceir esiampl o hyn yn 'Trén bhfearann breac' ('Drwy'r tir brith'),[6] lle mae dwyieithrwydd anghyfartal popeth yn gwneud i'r Gwyddel deimlo fel dieithryn yn ei wlad ei hun. Yn nhirlun Breathnach, try'r cynefin yn anghynefin:

Rhwng dau liw
Rhwng dau air
Rhwng dau enw
Rhwng dau feddwl
Rhwng dau le
Rhwng dwy iaith
Rwy'n treulio fy mywyd
Rhwng dau fywyd.[7]

Mewn cerdd arall o eiddo Breathnach, 'Teanga' ('Iaith'),[8] ceir delwedd o iaith fel rhywbeth a fu gynt ar daith ond sydd bellach yn garreg drom ar domen, yn anhysbys i'r byd, wedi ei gormesu gan 'haen ar ôl haen' o amser. Dyma ni yn ôl gyda Gwenallt a'r syniad o iaith fel 'pwn'.[9] Yn wir, bu'r gwaith o'i chario'n dasg mor feichus, yn ôl cerdd Breathnach, nes y diffoddwyd anadl y genhedlaeth flaenorol, ac ni ddaw ymwared o du'r genhedlaeth bresennol chwaith am ei bod hithau'n rhy wan i'w chodi, a'r garreg yn rhy drom. Eto i gyd, er gwaetha'r llethu, mae rhyw elfen rymusol yn y garreg, oherwydd, wrth iddi gael ei disgrifio fel un 'gadarn a diysgog', clywn atsain anochel o lythyr cadarnhaol Paul at y Corinthiaid lle mae'n annog ei 'frodyr annwyl' i fod 'yn gadarn a diysgog', gan wybod nad yw eu llafur yn ofer.[10] Onid yr awgrym gan Breathnach felly yw bod diben i'r holl ymdrech? At hyn, o dan y garreg yn y gerdd, gwelwn addewid o fywyd, a hithau'n cysgodi trychfilod sy'n prysur weithio ffatri'r pridd.[11]

Soniais mai un o blith nifer yw Breathnach, ac yn ei rhagymadrodd i gasgliad Breathnach, *Rogha Dánta 1991–2006*, mae Máirín Nic Eoin yn cyd-destunoli ei gerdd am iaith gan restru cerddi beirdd Gwyddelig eraill sydd wedi ymwneud â'r un thema.[12] Ceir cyfeiriad at 'Ceist na Teangan' ('Cwestiwn yr Iaith') gan Nuala Ní Dhomhnaill (a byddwn yn dychwelyd at y gerdd hon maes o law), 'Sínte Fada' (sef yr acen hir ddyrchafedig a ddefnyddir mor aml yn yr orgraff Wyddeleg) gan Michael Davitt, 'Gaeligeoirí' ('Siaradwyr Gwyddeleg') gan Louis de Paor, 'Freudyssey na Gaeilge' ('Freudyssey'r Wyddeleg') gan Seán Ó hÉigeartaigh a 'A theanga seo leath-liom' ('Hanner ohonof yw'r iaith hon') gan Seán Ó Ríordáin.[13] Mae teitl cerdd Ó Ríordáin, a'r chwarae ar yr 'hanner', yn atgoffa rhywun o 'A Language', gan Brendan Kennelly,[14] cerdd sy'n datgan 'A man without a language / Is half a man, if he's lucky', ac sy'n datgelu sut y bu'r bardd 'yn gartrefol' yn yr iaith Wyddeleg unwaith, cyn i rywun lofruddio'r iaith honno a'i chladdu yn rhywle. A dyna ddelweddu'r iaith fel 'cartref' neu 'aelwyd' ar y naill law, ac fel 'bod meidrol' ar y llall. Canlyniad llofruddio'r iaith i Kennelly yw'r ffaith mai yn Saesneg y mae'n barddoni. Ac eto, mae'r gerdd yn cloi gyda delwedd ryfeddol sy'n portreadu geiriau'n codi'n fflam o'u beddau nes peri i'r bardd feddwl am angylion a grymoedd arallfydol, 'Seraphim, Cherubim, Thrones, Dominions, Powers'. Mewn strafagansa o ddelweddau, gwêl y geiriau gwenfflam yn dechrau dawnsio ac yn ymffurfio'n flodau hardd, dialgar: 'I gaze amazed at them from far away. / They are starting to dance, they are / Shaping themselves into vengefully beautiful flowers'.[15] Mae colli'r iaith yn brifo, a'i geiriau'n mynnu byw.

Gellid bod wedi ychwanegu llawer mwy o gerddi at restr Nic Eoin,[16] nid lleiaf cerdd Michael Hartnett, 'Teanga Mise' ('Iaith Wyf I'), sy'n gloddfa gyfoethog o ran ein hymchwil ni.[17] Mae'r llinell gyntaf, sydd hefyd yn llinell glo, yn enghraifft bwerus o hyn: 'Myfi yw iaith, y rhwyd sy'n dal pob pysgodyn'. Drwyddi draw, mae Hartnett yn mynd i'r afael â'r pegynnu y sylwodd Nic Eoin arno uchod, wrth i'r gerdd wrthod y delweddau traddodiadol a threuliedig. Yn llais yr iaith, mae'n datgan: 'Nid merch ifanc â chwrteisi brenhines mohonof / Nid Róisin wyf i, na hen wraig ddoeth: / Nid wyf i'n wrach'. Gwelwn sut y mae'r iaith yn dirnad ei hunan fel persona egnïol, penderfynol a gwrthgyferbyniol. Mynna ei bod hi'n 'rheg' ac yn 'iaith goman y dafarn', ac eto dywed, 'Wyf gân yr enaid, wyf alaw hardd', a thrachefn 'Wyf yn fwy urddasol na'r eglwys / yn fwy urddasol nag unrhyw wlad'. Crynodeb o'i holl ffurfiau amlweddog sydd yn y ddelwedd o'r 'rhwyd sy'n dal pob pysgodyn', ac ni ellir dianc rhag hon!

Ond at un o feirdd cyfoes amlycaf yr iaith Wyddeleg, Nuala Ní Dhomhnaill, y trown ein prif sylw yn y bennod hon. Fe'i ganed yn Lloegr, ac er bod ei rhieni'n siarad y Wyddeleg, yn Saesneg y byddai ei mam yn siarad â hi, gan feddwl y byddai hynny'n gwneud pethau'n haws i'r ferch fach. Yna, yn bum mlwydd oed, fe'i hanfonwyd at fodryb yn Fionntrá (neu'r Traeth Gwyn) yn Corca Dhuibhne, Gorynys Dingle, yn ardal y Gaeltacht, Swydd Kerry, lle daeth y Wyddeleg yn iaith aelwyd a chymuned iddi.[18] Yng Ngholeg y Brifysgol, Cork, astudiodd Saesneg a Gwyddeleg, ac yn ystod ei dyddiau yno bu'n hogi ei chrefft fel bardd yng nghwmni rhai fel Michael Davitt a Gabriel Rosenstock a chriw'r cyfnodolyn dylanwadol *Innti*.[19]

Mewn erthygl ddadlennol yn y *New York Times* ym 1995, mae Ní Dhomhnaill yn ymateb i'r cwestiwn 'paham y dewisaf ysgrifennu yn y Wyddeleg'.[20] Yma, cawn gip ar yr agweddau sarhaus at yr iaith Wyddeleg a brofodd, fel yr awgrymwyd eisoes, hyd yn oed o du ei mam ei hun. Eglura, er enghraifft, sut y bu i'w mam, wedi clywed ei bod hi'n gweithio ar y darn i'r papur newydd, ddweud 'Well, I hope you'll tell them that it is mad'.[21] Nid dyna, fodd bynnag, a wnaeth. Yn hytrach, cawn yn yr erthygl ymdeimlad o'i hangerdd at yr iaith, ac o'i hymwybyddiaeth ddwys o'r hanes hir, y llenyddiaeth gyfoethog, a'r sefyllfa gyfoes simsan, lle mae'n teimlo ei bod hi a'i bath yn 'reduced to being exotic background like Irish Muzak'. Fodd bynnag, gwelwn hefyd sut y mae'n ymwybodol o wytnwch a rhuddin yr iaith. Gan gyfeirio at ei chyd-wladwyr sy'n mynnu bod yr iaith wedi hen farw, dywed: 'I dare say they must be taken somewhat aback when the corpse that they have long since consigned to choirs of angels, ... sits up and talks back at them'.[22]

Yn yr un erthygl, disgrifia sut yr oedd hithau hefyd wedi llyncu'r gred mai Saesneg oedd iaith addas llenyddiaeth, ac yn wir, sut y cyhoeddodd ambell gerdd yn yr iaith honno yng nghylchgrawn yr ysgol. Fodd bynnag, roedd rhyw deimlad yn mynnu ei hanesmwytho. Gan gyfeirio at ei cherddi cynnar, dywed, 'They were all right, but even I could see that there was something wrong with them'.[23] Yna, un diwrnod, a hithau ar ganol llunio cerdd, sylweddolodd mai'r hyn oedd yn 'wrong' oedd y cod. Penderfynodd yn y fan a'r lle droi o'r Saesneg i'r Wyddeleg. Anfonodd y gwaith at gystadleuaeth. Enillodd. A dyna ni. 'I never looked back.'[24]

Mae cerddi Ní Dhomhnaill yn cwmpasu pob math o themâu – byd natur, byd serch, byd y chwedlau, byd y fenyw a byd cymdeithas pobl â'i gilydd.[25] Mae gwefan y *Poetry Foundation* yn nodi bod themâu Gwyddeleg yn ganolog i'w barddoniaeth, ac ymhlith y themâu a ystyrir ganddynt yn rhai Gwyddeleg, rhestrir 'ancient myths', 'small details of contemporary life', cyn nodi 'including language'.[26] Ac mae rhywbeth yn ogleisiol-anesmwyth ynghylch hyn rywsut, a rhywun yn methu ymatal rhag meddwl a fyddai 'including language' yn cael ei nodi fel thema 'Saesneg' wrth gynffon enw bardd o Sais? Ond anesmwythyd neu beidio, rhaid cydnabod bod 'cwestiwn yr iaith' yn codi'n gyson yng ngherddi Ní Dhomhnaill, ac efallai, o gofio'r tyndra yn ei magwraeth rhwng y Saesneg a'r Wyddeleg, nad yw hynny'n syndod. Dewisais y geiriad 'cwestiwn yr iaith' yn fwriadol, oherwydd fel y clywsom eisoes, dyma deitl un o'i cherddi, 'Ceist na Teangan',[27] ac un o'r rhai mwyaf adnabyddus. Hon fydd o dan sylw weddill y bennod.

Dehonglir y gerdd yn aml fel un sy'n esbonio penderfyniad Ní Dhomhnaill dros beidio ag ysgrifennu yn Saesneg a, thrwy hynny, dros ennyn diddordeb yn y Wyddeleg a'i gwneud yn fwy derbyniol yn y byd Saesneg ei iaith. Mae cryn gonsensws ynghylch y dehongliad hwn.[28] Serch hynny, ni welaf i mai parchuso'r Wyddeleg a'i gwneud yn fwy derbyniol yw'r prif fwriad. Gellir darllen y gerdd yn hytrach fel un sy'n dangos y bardd yn sylweddoli beth yw natur menter ysgrifennu mewn iaith sydd o dan fygythiad, a'r graddau y mae'n gweld bod llwyddiant y fenter yn dibynnu ar ei pherthynas ag iaith arall. Yr hyn sy'n anesmwytho rhywun, fel y gwelwn isod, yw bod y berthynas rhwng y ddwy iaith yn y gerdd yn berthynas rhwng y noddwr a'r noddedig, lle mae tafol grym yn gorwedd yn anghytbwys o blaid y noddwr. Dyma pam y mae Ní Dhomhnaill yn defnyddio stori Moses yn yr hesg i fynegi pa mor uchel yw'r risg yn y fenter hon. Dyma sut y rhagymadroddodd y gerdd unwaith:

> Take for instance Moses' mother, consider her predicament. She had the choice of giving up her son to the Egyptian soldiery, to have him cleft in two before her very eyes, or to send him down the Nile in a basket, a tasty dinner for crocodiles. She took what under the circumstances must have seemed very much like 'rogha an dá dhíoga' ('the lesser of two evils') and Exodus and the annals of Jewish history tell the rest of the story, and are the direct results of an action that even as I write is still working out its inexorable destiny. I know it is wrong to compare small things with great, yet my final answer to why I write in Irish is this: Ceist na Teangan.[29]

O ran diddordeb y llyfr hwn, a'r modd y mae'r bardd yn delweddu iaith, y ddelwedd arwyddocaol yw'r un o iaith fel 'cwch-bach', 'báidín'. (Rwy'n gosod y cysylltnod yn y cyfieithiad fan hyn oherwydd mai gair bachigol a geir yn y gwreiddiol sy'n newid pwyslais a rôl yr ansoddair, ac sy'n anodd ei ddal gyda 'cwch' a 'bach' ar wahân.) Craffwn ymhellach. Beth yw cargo'r cwch-bach hwn? Nid 'ystyr' ydyw, ond yn hytrach 'emosiwn'. Mae iaith yn llestr sy'n gallu dal emosiwn gobaith.[30] Pa fath o gwch-bach ydyw'r iaith hon? Daw'r cwestiwn hwn â ni at y gyffelybiaeth sy'n ganolog i'r gerdd, lle mae gosod y gobaith yn y cwch-bach yn debyg i osod baban mewn cawell. Cwch-bach sy'n debyg i gawell yw'r iaith felly, ac nid unrhyw gawell, ond cawell a blethwyd o ddail geletsh, a'i waelod wedi'i selio â phyg a phitsh. A hyd yn oed heb ragymadrodd Ní Dhomhnaill, os nad ydyw clychau'r cof eisoes wedi canu am helbul merch Lefi yn ein pen, wrth sylwi ar y man lle y cawn y cwch-bach hwn, mae stori'r Hen Destament yn ymagor o'n blaenau. Dacw fe! Nid yng nghanol yr harbwr ond ar lan afon, ar yr ymylon, o'r golwg bron, ymysg yr hesg. Moses oedd cargo cawell merch Lefi, a gobaith y bardd, fel gobaith merch Lefi, yw y bydd rhywun arall yn dod i'w achub, rhywun nad yw o dan felltith gorthrwm, a rhywun nad yw felly'n gorfod ofni'r bygythiad y bydd yr hyn sy'n werthfawr, mor werthfawr â phlentyn i fam, yn cael ei ladd.

Mae rhesymeg y gerdd yn mynnu mai'r gerdd (neu o leiaf 'barddoniaeth') yw'r baban, gan mai'r cawell, y cwch-bach, yw'r cyfrwng, sef yr iaith. Ond gellir dadlau mai'r gwir reswm y mae Ní Dhomhnaill yn gobeithio gweld y gerdd yn cyrraedd man diogel yw am ei bod wedi ei chyfansoddi yn yr iaith Wyddeleg. Datganodd droeon ei gobaith bod y weithred o farddoni yn y Wyddeleg yn cyfrannu at barhad yr iaith. Yn hynny o beth, oni allwn faentumio bod y gerdd a'r iaith bron yn gyfystyr â'i gilydd fan hyn, a'r gofal a gobaith am y farddoniaeth yn gyfystyr â gofal a gobaith am yr iaith? Tybiaf mai dyma yw ergyd sylwadau Caoimhín Mac Giolla Léith a wêl y gerdd (a sylwch yn benodol ar gymal olaf y dyfyniad) yn 'alegori gywasgedig sy'n datgan gobaith petrus mewn effeithlonrwydd mynegiant barddol ac yn nyfodol cyfrwng y mynegiant hwnnw'.[31]

Cyfrwng mynegiant barddol Ní Dhomhnaill yw'r iaith Wyddeleg. Fodd bynnag, y tyndra fan hyn, fel yr awgrymwyd eisoes, yw bod achubiaeth y cyfrwng yn dibynnu ar garedigrwydd a thrugaredd yr estroniaid sydd mewn grym; a'r grym hwnnw yw'r union rym sydd yn ei dro'n gormesu'r cyfrwng. Wrth i'r llinellau fynd rhagddynt, sylwn ar sut y mae cyfeiriad y gerdd, o ran y sawl sy'n gosod y gobaith yng nghwch-bach yr iaith, yn symud o'r gweithredol i'r goddefol. Wedi'r weithred o'i osod ar y dŵr, ni all wneud dim ond aros i weld a fydd trugaredd troadau'r cerrynt yn arwain y cargo at 'ferch i Pharo'. Mae'r cwestiwn yn codi wedyn i ba raddau y bydd cyrraedd y ferch hon yn arwain at achubiaeth neu at gymhathiad. Yn wir, a oes rhaid derbyn bod pact dieflig anochel rhwng gwaredigaeth rhag difancoll boddi ar y naill law, a goroesi, sydd ar yr un pryd yn gymhathiad, ar y llaw arall?[32] Neu a erys llygedyn o obaith yn llinellau olaf un y gerdd? Ynddynt daw'r cyfeiriad diamwys at Moses, y baban a gymerwyd o'r cawell gan ferch Pharo, merch y gormeswr, ond baban a dyfodd i fod yn achubydd ei bobl.

O ran y cyfieithiad i'r Saesneg, fersiwn Paul Muldoon yw'r un a gyfrir fel yr un safonol.[33] Derbyniodd Muldoon glodydd hael am ei rôl fel cyfieithydd Ní Dhomhnaill, er bod Caoimhín Mac Giolla Léith yn defnyddio'r ansoddair 'freewheeling' wrth ddisgrifio ei ddull cyfieithu (a hynny mewn gwrthgyferbyniad â chyfieithu gofalus rhai fel Michael Hartnett a Seamus Heaney).[34] Wn i ddim am 'freewheeling', ond rhaid nodi ei bod hi'n destun dryswch i mi pam mae Muldoon wedi dewis hepgor y cyfeiriad at Moses yn gyfan gwbl.[35] Yna, mae'n ddiddorol nodi mai dewis defnyddio'r Saesneg, 'Pharaoh's Daughter', ac nid y Wyddeleg a wnaed fel teitl i gyfrol ddwyieithog 1990 Ní Dhomhnaill,[36] ac mai dyma'r ymadrodd, yn Saesneg felly, a ddefnyddiwyd droeon a thro wrth hyrwyddo ei gwaith. Pwy felly yw 'Merch Pharo'? Y bardd neu'r cyfieithydd? Beth yw'r achubiaeth: y weithred o gyfieithu'r farddoniaeth neu o'i chyfansoddi yn y lle cyntaf?[37]

Yn y cyfieithiad Cymraeg isod, cedwir at ffurf y gwreiddiol o ran rhaniadau'r llinellau. Dilynir hefyd y patrwm atalnodi, gan ddefnyddio coma yn unig i rannu 'féachaint' ('gweld') a 'dála Mhaoise' ('fel Moses'). O ran y teitl, dewisiwyd 'mater yr iaith' yn hytrach na 'chwestiwn yr iaith', oherwydd wedi cael mantais trafod â chydweithwyr Gwyddelig, cytunwyd bod mwy o'r 'issue' ymhlyg yn y teitl na'r 'cwestiwn'. Trafodwyd eisoes broblem trosi 'i mbáidín' (cwch-bach) ac, at ddiben y gerdd, defnyddiwyd 'cwrwgl' gan gyfiawnhau hyn ar sail y ffaith bod cwrwgl yn gwch bach tebyg i gawell o ran ei ffurf ac yn un a orchuddir â phyg yn union fel y gwneir i'r cawell a ddisgrifir yn ddiweddarach yn y gerdd.

Mae'n werth nodi dwy benbleth fotanegol a gododd wrth drosi. Yn y lle cyntaf y tyfiant 'duilleoga feileastraim' a ddefnyddiwyd i wneud y cawell. Mae sawl dewis yn y Gymraeg gan gynnwys 'dail geletsh', 'dail gellysg', 'dail cleddyflys' a 'dail cyllyll', a phob un yn dod ag ymyrraeth ystyr sy'n cario ei manteision a'i hanfanteision ei hun, ond sydd, yn yr ymyrraeth, yn gwadu trosiad niwtral. Mae'n anodd clywed 'dail geletsh' (ac i raddau llai, 'dail gellysg'), er enghraifft, heb feddwl am 'Preseli' Waldo Williams: 'hil y gwynt a'r glaw a'r geletsh a'r grug'.[38] Eto, fyddai'r ymyrraeth sy'n dod gyda'r geiriau hyn, yn enwedig y ffurf dafodieithol, 'geletsh' sy'n mynd â ni'n uniongyrchol at y gerdd Gymraeg, ddim yn hollol anaddas, am y byddai'n cysylltu'r cawell, ynghyd â'i gynnwys, yn agos iawn â phobl a oedd ar adeg llunio 'Preseli' o dan fygythiad penodol.[39] O ddewis yr ail bâr wedyn, y 'cleddyflys' neu'r 'dail cyllyll', mae'n anochel y byddai'r darllenydd yn clywed elfen o rym treisgar, sydd unwaith eto'n ymyrraeth y gellid ei chyfiawnhau yma.

Cyfyd yr her fotanegol nesaf gyda'r geiriau 'coigeal na mban sí'. Dyma'r term Gwyddeleg am 'llafrwyn', ond mae'n ymadrodd mwy cyfoethog na hynny. Cymerwn yr elfen gyntaf, 'coigeal'. Gellir ei chymharu â 'cogail' yn Gymraeg, a all olygu 'ffon' neu 'bren', ond a all hefyd gyfeirio at 'y rhyw fenywaidd' neu at 'linach fenywaidd y teulu'.[40] Gyda'r ail elfen, y 'bean sí' cawn ein harwain yn syth at chwedloniaeth Iwerddon ac at yr ysbryd benywaidd sy'n rhagfynegi marwolaeth aelod o'r teulu drwy wylo neu wichian, dolefain neu alarnadu (dyma sydd wedi rhoi'r term 'banshee' i'r Saesneg). Mae'r 'bean sí', yn cyfateb i raddau i'r syniad a geir yn y gair 'cyhyraeth' yn y Gymraeg, sef ysbryd neu gorff sy'n ddim ond esgyrn. Wrth drosi'r darn hwn felly, rhaid oedd derbyn bod sawl haen o ystyr yn mynd ar goll; ond roedd gwobr gysur, os cysur gwan, i'm clust i – a hynny heb rithyn o sail ystyrlon – yn y modd y mae sain y 'llafrwyn' rywsut yn atsain yn dawel 'llawforwyn'.

Ta waeth am hynny, gyda'r llafrwyn, down at y gyfeiriadaeth Feiblaidd sydd yn y gerdd. Cyfeiriwyd eisoes at y cysylltiad hwn, ond yma nodwn yr heriau cyfieithu a gododd yn ei sgil. Yn Exodus 2, adnod 3, cawn yr hanes am ferch Lefi'n gosod ei baban mewn cawell o lafrwyn.[41] Ei bwriad drwy hyn oedd achub ei baban tri mis oed rhag cyrch y Pharo a oedd wedi tynghedu lladd pob mab o Israeliad. Trawsblennir y llafrwyn yng ngherdd Ní Dhomhnaill, fodd bynnag, o'r cawell ei hun at lan yr afon.

Yn Exodus, dim ond 'hesg' sydd ar lan yr afon lle y cuddir y cawell, ond yn y gerdd ychwanegir y llafrwyn at yr hesg, a hynny fel pe byddai'n dwysáu'r guddfan. Yn Exodus wedyn, nodir mai 'clai a phyg' sydd ar waelod y cawell, ond yn y gerdd cyfnewidir y clai i 'pitsh'. Cadwyd yn agos at y llinell Wyddeleg yn y trosiad Cymraeg heb allu ymwrthod â'r cyflythrennu a gynigir o wneud hyn, 'â phyg a phitsh'. Troi yn ôl at y Beibl a wnaed i ganfod y ferf 'dwbio', lle mae Exodus 2, adnod 3 yn nodi, 'Ond gan na allai ei guddio'n hwy, cymerodd gawell wedi ei wneud o lafrwyn a'i ddwbio â chlai a phyg'.[42]

Y cyfeiriadau Beiblaidd amlwg eraill yw at 'Moses' a 'merch Pharo'. Diddorol yw nodi bod y gerdd yn osgoi cyfeirio at na merch benodol, na Pharo penodol chwaith o ran hynny, 'merch i ryw Pharo' yw'r ystyr. Ac eto i gyd, fel y nodwyd eisoes, sylwer ar deitl y casgliad lle cyhoeddwyd y gerdd hon fel y gerdd glo, *Pharaoh's Daughter*, a'r teitl, fe gofiwch, yn Saesneg yn unig, er mai cyfrol ddwyieithog yw hi.

Ni wyddom i sicrwydd a gaiff y gobaith sydd yn 'Ceist na Teangan' ei wireddu neu ei chwalu. Mae cerdd Gearóid Mac Lochlainn, bardd o Belfast, a ddysgodd y Wyddeleg, yn awgrym o leiaf i'r fenter esgor ar ryw elfen o lwyddiant. O dan y teitl 'Sruth teangacha' ('Llif tafodau'), cyflwyna Mac Lochlainn ei gerdd i Nuala Ní Dhomhnaill.[43] Mae'n gyforiog o ddelweddau sy'n cyfeirio yn ôl at gerdd Ní Dhomhnaill. Er nad yw'r llinellau 'newydd-anedig' yng ngherdd Mac Lochlainn yn llifo ar 'ddŵr glân, braf', ond yn hytrach ar 'fudreddi trefol', ac er bod chwilio am 'ddihangfa' eto'n parhau, mae'r ffaith bod y bardd hwn, ddegawd yn ddiweddarach, yn fodlon ymateb i'r her a 'chymryd ei siawns' gan barhau i ddefnyddio'r Wyddeleg, yn rhyw fath o deyrnged i obaith Ní Dhomhnaill. Bu gwerth yn y fenter o osod gobaith yng nghwrwgl yr iaith. Ac mae'n arwyddocaol efallai mai gyda cherdd Mac Lochlainn y dewisodd Louis de Paor gloi ei antholeg swmpus o gerddi Gwyddeleg yn 2016; cyfrol sy'n dwyn yr is-deitl gobeithiol *Poems of Repossession*.[44]

MATER YR IAITH

Gosodaf fy ngobaith
ar wyneb y dŵr
yng nghwrwgl bach yr iaith
fel y gosodir
baban mewn cawell
o ddail geletsh pleth
a'i waelod wedi'i ddwbio
â phyg a phitsh

ac yna ymhlith yr hesg
a'r llafrwyn
ei osod ar ymylon afon
i gael gweld, tybed, a wnaiff y llif ei gymryd,
a chael gweld, tybed, fel yn achos Moses,
a gaiff ei achub gan ferch i Pharo?

Nodiadau

1 Nuala Ní Dhomnaill, 'Ceist ne Teangan', yn *Pharaoh's Daughter* (Loughcrew: Gallery Press, 2019), t. 154.

2 Máirín Nic Eoin, '"Severed heads and grafted tongues": The Language Question in Modern and Contemporary Writing in Irish', *Hungarian Journal of English and American Studies*, 10/1–2 (Gwanwyn 2004), 267–81 (t. 269).

3 Ibid.

4 Liam Carson, 'Telling it slant', adolygiad o *Rogha Dánta 1991–2006* gan Colm Breathnach, yn *The Poetry Ireland Review*, 98 (July 2009), 102–7.

5 Ibid., t. 102.

6 Colm Breathnach, *An Fearann Breac* (Baile Átha Cliath: Coiscéim, 1992), t. 63.

7 Ibid.

8 Colm Breathnach, *Rogha Dánta 1991–2006* (Baile Átha Cliath: Coiscéim, 2008), t. 51. Gw. hefyd Greg Delanty a Nuala Ní Dhomhnaill (goln), *'Jumping off Shadows': Selected Contemporary Irish Poets* (Corc: Cork University Press, 1995), tt. 253–4, lle ceir cyfieithiad Saesneg gan y bardd.

9 D. Gwenallt Jones, 'Cymru', yn *Cerddi Gwenallt: Y Casgliad Cyflawn*, gol. Christine James (Llandysul: Gomer, 2001), t. 106.

10 Llythyr Cyntaf Paul at y Corinthiaid, 15:58, Y Testament Newydd, yn *Y Beibl Cymraeg Newydd* (Swindon: Y Gymdeithas Feiblaidd Frytanaidd a Thramor, 1988), t. 177.

11 Alan Titley, adolygiad o *Saothrú an Ghoirt* gan Gréagóir Ó Dúill a *Scáthach* gan Colm Breathnach, *The Poetry Ireland Review*, 46 (Haf 1995), 93–5 (t. 94).

12 Colm Breathnach, *Rogha Dánta 1991–2006* (Baile Átha Cliath: Coiscéim, 2008), t. xvii.

13 Ibid., t. xvii, 'A Ghaeilge', t. 23, 'Teanga', t. 51.

14 Brendan Kennelly, *The Essential Brendan Kennelly Selected Poems*, gol. Terence Brown a Michael Longley (Northumberland: Bloodaxe Books, 2011), t. 76. Gw. Hefyd Lucy Colins, 'Irish poets in the public sphere', yn Matthew Campbell (gol.), *The Cambridge Companion to Contemporary Irish Poetry* (Caergrawnt: Cambridge University Press, 2003), tt. 209–8 (t. 214).

15 Kennelly, *The Essential Brendan Kennelly*, t. 76.

16 Gw. hefyd erthygl Frank Sewell am farddoniaeth yn y Wyddeleg, lle mae'n olrhain iaith fel thema, ac yn ychwanegu enwau fel Liam Gógan, Máirtín Ó Direáin a Michael Hartnett at y rhestr, yn Campbell (gol.), *The Cambridge Companion to Contemporary Irish Poetry*, tt. 150–2.

17 Michael Hartnett, *Adharca Broic* (Baile Átha Cliath: Gallery, 1978), t. 14.

18 Jody Allen Randolph, *Close to the Next Moment: Interviews from a Changing Ireland* (Manceinion: Carcanet, 2010), tt. 89–99 (t. 92).

19 Gw. 'Innti', yn Robert Welch (gol.), *The Concise Oxford Companion to Irish Literature* (Rhydychen: Oxford University Press, 2000), t. 162.

20 *www.nytimes.com/1995/01/08/books/why-i-choose-to-write-in-irish-the-corpse-that-sits-up-and-talks-back.html.*

21 Ibid.

22 Ibid.

23 Ibid.

24 Ibid.

25 Am drosolwg o'i gwaith, gw. hefyd, Laura O'Connor, 'Between two languages', yn *The Sewanee Review*, 114/3 (Haf 2006), 433–42 (yn benodol tt. 435–9).

26 *www.poetryfoundation.org/poets/nuala-ni-dhomhnaill.*

27 Ní Dhomhnaill, *Pharaoh's Daughter*, t. 154.

28 Gw. e.e. *www.poetryfoundation.org/poets/nuala-ni-dhomhnaill.*

29 *www.nytimes.com/1995/01/08/books/why-i-choose-to-write-in-irish-the-corpse-that-sits-up-and-talks-back.html.*

30 Yn hyn o beth, mae trosiad Ní Dhomhnaill yn ein hatgoffa o'r ddelwedd a ddefnyddir gan Miguel de Unamuno ac a drafodir ym mhennod chwech.

31 Caoimhín Mac Giolla Léith, 'Metaphor and Metamorphosis in the Poetry of Nuala Ní Dhomhnaill', *Éire-Ireland*, 35/1–2 (Gwanwyn/Haf 2000), 150–72 (t. 150).

32 Mac Giolla Léith, 'Metaphor and Metamorphosis', t. 152. Yn hyn o beth, cawn ein hatgoffa o sut y synhwyra Nic Eoin, yn y math o hiraeth a geir yng ngherddi Colm Breathnach, debygrwydd i bortreadau Albert Memmi o brofiad cymunedau a wladychwyd. Gw. hefyd Máirín Nic Eoin, '"Severed heads and grafted tongues"', t. 271, a Memmi Albert, *The Colonizer and the Colonized*, cyf. Howard Greenfeld (Llundain: Earthscan, 1990), tt. 172–3.

33 Dyma'r un a ymddangosodd yn Ní Dhomhnaill, *Pharaoh's Daughter*, t. 155.

34 Caoimhín Mac Giolla Léith, 'Modern Irish (Gaelic)', yn Peter France (gol.), *The Oxford Guide to Literature in English Translation* (Rhydychen: Oxford University Press, 2001), tt. 184–7 (t. 186).

35 Paul Muldoon, 'The Language Issue', yn Ní Dhomhnaill, *Pharaoh's Daughter*, t. 155, lle mae'r cyfieithiad yn gorffen: 'not knowing where it might end up; / in the lap, perhaps, / of some Pharaoh's Daughter'.

36 Ní Dhomhnaill, *Pharaoh's Daughter*, tt. 154–5.

37 Gw. hefyd Laura Kirkley, 'The question of language: Postcolonial translation in the bilingual collections of Nuala Ní Dhomhnaill and Paul Muldoon', *Translation Studies*, 6/3 (2013), 277–92.

38 Waldo Williams, 'Preseli', *Dail Pren*, gol. Mererid Hopwood (Llandysul: Gomer, 2010), t. 20.

39 Cyfansoddwyd 'Preseli' fel rhan o'r safiad yn erbyn cais Swyddfa Rhyfel Prydain i feddiannu'r mynyddoedd a'r bröydd cyfagos ym 1946.

40 s.v. *cogail*, ystyr 'b', *www.geiriadur.ac.uk/gpc/gpc.html.*

41 Exodus 2:3, *Y Beibl Cymraeg Newydd* (Swindon: Y Gymdeithas Feiblaidd Frytanaidd a Thramor, 1988).

42 Yn yr un modd, mae'r gerdd wreiddiol wedi defnyddio'r ferf a welir yn y Beibl, yn benodol yn y cyfieithiad newydd; ac mae'n ddiddorol nodi y bu ewythr Ní Dhomhnaill, yr ysgolhaig Pádraig Ó Fiannachta, yn gweithio ar y cyfieithiad hwn ac y byddai'r bardd yn gwbl ymwybodol o'r gwaith: 'Nuair a chuaigh di é a choimeád faoi cheilt a thuilleadh, fuair sí cléibhín paipíre dó agus chuimil sí bitiúman agus pic de, agus chuir an leanbh ann, agus chuir i measc na n-eo;eastram ar bhruach na habhann é'. Gw. Exodus 2:3, *An Bíobla Naofa* (Maigh Nuad: An Sagart, 2000).

43 Gearóid Mac Lochlainn, 'Sruth teangacha' / 'Stream of tongues', yn Louis de Paor (gol.), *Leabhar na hAthghabhála: Poems of Reposession* (Eastburn: Bloodaxe Books, 2016), tt. 490–1.

44 Ibid.

PENNOD 4

Cleddyf

SPRACHE[1]

Was reich und arm! Was stark und schwach!

Ist reich vergrabner Urne Bauch?

Ist stark das Schwert im Arsenal?

Greif milde drein, und freundlich Glück

Fließt, Gottheit, von dir aus!

Faß an zum Siege, Macht, das Schwert,

Und über Nachbarn Ruhm!

Johann Wolfgang von Goethe (1749–1832)

677 milltir

(Aberystwyth – Weimar)

Cleddyf

Rhoddwyd sylw eisoes i rai o athronwyr y byd Almaeneg ei iaith. Wrth droi at feirdd y byd hwnnw, nid yw'n syndod bod Johann Wolfgang von Goethe yn dod i'r amlwg. Dyma gawr ymhlith y cewri. Yn enedigol o Frankfurt, aeth Goethe i Leipzig i astudio'r gyfraith, ond nid oedd un maes yn unig yn ddigon i ddal dychymyg y polymath hwn. Roedd yn athronydd ac yn wyddonydd, yn ymddiddori mewn pynciau fel botaneg, anatomi a theori lliw. Daeth yn wladweinydd gan wasanaethu yn llys y Dug yn Weimar. Bu'n filwr. Bu'n deithiwr sylwgar. Ond fel bardd, llenor a dramodydd, mae'n siŵr, y'i cofir yn bennaf. Roedd trin iaith, felly, yn rhan annatod o'i grefft a'i alwedigaeth, ac fe'i delweddodd dro ar ôl tro. O droi, er enghraifft, at y 'Goethe-Aphorismen' ('Doetheiriau Goethe'), sef casgliad o ddywediadau a dyfodd yn ddiwydiant o'i gylch ac sydd, hyd heddiw, yn ffynhonnell o wirebau hawdd eu cael ym mhob cyfyngder, ceir sawl dyfyniad am iaith. Yn eu plith, mae'r ddelwedd ohoni fel darn o offer hyblyg iawn, rhywbeth y gellir ei ddefnyddio 'yn fwriadol' ond hefyd 'yn fympwyol', a rhywbeth sy'n llawn mor effeithiol ar gyfer trin rhesymeg gynnil â thrafod cyfriniaeth dywyll.[2]

O droi at y cerddi wedyn, gwelwn un sy'n dwyn y teitl 'Etymologie' ('Geirdarddeg') a'r is-deitl 'Spricht Mephistopheles' ('Ebe Meffistoffeles').[3] Yn hon, mae'r Goethe ifanc a chellweirus yn cael hwyl wrth olrhain tarddiad ffug i bob math o eiriau. Ond y tu hwnt i'r chwarae etymolegol, delwedda iaith fel 'anadl bur y nef', gan ddweud ei bod hi'n rhywbeth y gall neb ond 'plant llonydd y llawr' ei synhwyro.[4] Dro arall, fe'i gwelwn yn gadael y syniad o lonyddwch ac yn haeru mai o emosiwn angerdd y tardd iaith, ac mai drwy ei mynegi'n angerddol y gellir sicrhau ei pharhad.[5] Mynna mai drwy fynegiant angerddol y caiff iaith ei glanhau a'i phuro, ac mai dyma'r broses sy'n angenrheidiol er mwyn caniatáu iddi fyw. Mae iaith sy'n llifeiriant angerddol, fel llif afon fyrlymus, yn rhyddhau malurion ac yn eu cludo gyda hi, ond y malurion hyn yw'r union bethau sy'n achosi'r ffrithiant a all ei phuro.[6] Mewn man arall, gwelwn Goethe yn esbonio bod gan iaith rym sy'n caniatáu iddi fyw drwy broses o ymaddasu, a bod yr ymaddasu hwn yn amsugno'r dieithr ac yn ei feddiannu'n llwyr. Yma, delweddir iaith bron fel bwystfil rheibus: 'Grym iaith yw nad yw hi'n gwrthod yr hyn sy'n ddieithr iddi ond yn hytrach yn ei draflyncu'.[7]

Y grym, yr angerdd, yr afiaith hwn, yw un o brif nodweddion ieithwedd Goethe ei hun. Mae miloedd o eiriau wedi eu hysgrifennu gan sylwebwyr am yr elfen egnïol hon sy'n treiddio drwy ehangder rhyfeddol ei arddull. Yn ystod ei saith degawd o lenora, arbrofodd yn helaeth nid yn unig â mesurau a ffurfiau ond ag ymadrodd hefyd. O ddyddiau cynnar nwyfus y *Sturm und Drang* i bwyllo'r cyfnod Clasurol, mae rhywun yn synhwyro pŵer ei fynegiant, pŵer sy'n treiddio hyd yn oed drwy'r modd y defnyddia'r mesurau rheolaidd fel y llinell bumban neu chweban, y *terza rima* a'r soned. Dyma paham y caiff ei adnabod a'i glodfori fel un a ryddhaodd farddoniaeth Almaeneg o hualau ffug-barchusrwydd a rhoi iddi egni newydd.

Gwelir esiampl gymharol gynnar o'r math hwn o glod mewn darlith a gyhoeddwyd gyntaf ym 1888, lle mae Stephan Waetzoldt yn craffu ar iaith y Goethe ifanc.[8] Aiff mor bell â phriodoli holl adfywiad yr iaith Almaeneg i athrylith Goethe, gan fynd ymhellach eto wrth gyplysu ei ymdriniaeth nerthol â'r iaith ag adfywiad y genedl. Gan helpu ei hun i ddos dda o ddelweddau am iaith, medd Waetzoldt fod curiad calon yr iaith Almaeneg yn gyson ond yn wan cyn Goethe. Wedi Goethe, fodd bynnag, llifodd y gwaed yn gynnes drwyddi, dysgodd ei chalon sut i brofi nwyd o'r newydd, sut i freuddwydio'n angerddol, a sut i deimlo'n gryf ac yn Almaenig'.[9] Ein tywys i Lantrisant, fel petai, a wna Waetzoldt nesaf drwy ddweud sut y bathodd meddwl praff Goethe 'geiniogau'r iaith' a rhoi iddynt sglein newydd sbon.[10] Mae'r ddarlith yn gorffen wrth ddatgan bod athrylith Goethe yn gorwedd yn y modd yr ymlafniodd â'r iaith, a thrwy hynny roi undod a rhyddid i'r *Vaterland*.[11] (Ac onid yw hi'n ddiddorol nodi sut y mae sôn am 'Vaterland' – gwlad fy nhadau – ond 'Muttersprache' – mamiaith?)

Rhaid cofio'r cyd-destun, wrth gwrs. Yn y dyddiau pan ymddangosodd Goethe ar y ffurfafen, Ffrangeg oedd iaith y deallusion. Ac er bod Almaeneg yn cael ei siarad mewn sawl talaith a thywysogaeth yng nghanol Ewrop, fe'i hystyrid yn iaith israddol; iaith y werin ddi-ddysg ydoedd. Mynegodd a gwireddodd Goethe y dyhead am weld iaith gynhenid y bobl yn cael ei lle mewn llenyddiaeth rymus. Ac fel y gwelir sawl gwaith yn y gyfrol hon, cyfyd testun pwysig a dyrys o'r cysylltu hwn rhwng iaith a chenedlaetholdeb, cysylltiad sydd wedi bod yn destun ymdriniaeth ysgolheigaidd swmpus (cofiwn am gyfraniad Glyn Tegai Hughes a nodwyd yn y bennod gyntaf,[12] ac mae pori yn ehangder y we yn bwrw hanner miliwn o erthyglau ar y pwnc ar amrantiad). Rhyddhau ac uno'r genedl drwy ymdrin ag iaith neu beidio, gallwn yn sicr dderbyn yr honiad bod Goethe wedi ystwytho'r Almaeneg, a hynny, i raddau, am nad oedd arno ofn defnyddio iaith bob-dydd. Roedd yn Bantycelynaidd ei odlau. Os oes rhaid clywed 'maes' â chlust ardal Llanymddyfri er mwyn cael odl gyda 'gras', yna yn yr un modd rhaid clywed 'neige' (o 'neigen' sef 'tueddu', 'plygu', 'pwyso') â chlust un o ardal Frankfurt, gan feddalu'r 'g' yn 'ch', er mwyn odli gyda 'du Schmerzenreiche' ('tydi sy'n llawn poen') fel y gwelwn yn ymson enwog Gretchen yn nhrasiedi *Faust*.[13]

Roedd ysfa'r Goethe ifanc i ysgrifennu'n un mor danbaid fel nad oedd ganddo amser nac amynedd i osgoi defnyddio'r ymadroddion a ddôi'n fwyaf naturiol at flaen ei dafod. Yn ei eiriau ei hun, byddai'n neidio o'r gwely fel gwallgofddyn, 'wie ein Toller', a phe na bai dim arall wrth law, byddai'n barod i estyn am ysgubell i ysgrifennu â hi.[14] Roedd ysgrifennu'n rhaid iddo. Cynhyrfiad oedd ysgrifennu, ac felly hefyd, yng ngeiriau Goethe, mater o ddyletswydd.[15] Roedd yr ysfa hon yn peri iddo nid yn unig ddefnyddio'r iaith lafar ond hefyd iaith lawn dychymyg. Fodd bynnag, roedd y fath frys, y fath gynnwrf yn peri iddo weithiau golli amynedd ag iaith, neu'r iaith Almaeneg yn benodol. Erbyn 1790, dywed yn hunandosturiol ei fod, fardd truan, wedi gorfod ymlafnio â'r deunydd crai salaf un: 'Dim ond un ddawn a ddatblygais yn agos at feistrolaeth: / Ysgrifennu Almaeneg. Ac felly, yr wyf i, fardd truan, yn difetha / Bywyd a chelfyddyd â'r deunydd gwaethaf oll!'[16] Yr un math o ymdrech a bortreadir mewn gosodiad arall, lle synhwyrwn y llenor yn tynnu gwallt ei ben mewn rhwystredigaeth wrth ddatgan: 'byddai tynged wedi gallu creu bardd ohonof pe na byddai'r iaith wedi profi i fod mor amhosib i'w gorchfygu'.[17]

Ond, er gwaethaf ei brotestio, creu bardd ohono a wnaeth tynged; ac o holl bosibiliadau ei farddoniaeth, y gerdd sy'n mynd â'n sylw ni yn y bennod hon yw un a luniodd yn ei ugeiniau cynnar. A'r teitl? Yn syml: 'Iaith'. Daw o gyfnod yr ymryddhau cychwynnol hwnnw a brofodd Goethe yn y 1770au. Dyma'r adeg pan oedd yn synhwyro'r angen i frwydro yn erbyn ffurfiau barddoniaeth a oedd, yn ei dyb ef, wedi parlysu iaith.[18] Yn y gerdd, delweddir iaith yn amlweddog hyd at wrthgyferbyniad. Egyr ag ebychiadau sy'n dilorni'r syniad o hierarchaeth rhwng ieithoedd, lle'r ystyrir rhai ieithoedd yn fwy cyfoethog na'i gilydd. Mater o bersbectif yw priodweddau fel cyfoeth a thlodi, cryfder a gwendid. Aiff y gerdd yn ei blaen i awgrymu bod gan iaith botensial cleddyf cryf, ond, er mwyn cyrraedd y potensial hwnnw, rhaid ei defnyddio. Er bod y syniad hwn o iaith fel arf, cleddyf yn arbennig, yn un cyfarwydd,[19] nid felly'r syniad sydd yn y ddelwedd nesaf ohoni, sef fel wrn neu lestr gwerthfawr. Os yw'r wrn yn wag ac wedi ei orchuddio, meddir, eto, fel y cleddyf yn y stordy, mae'n ddiwerth. Fodd bynnag, o ddadorchuddio'r llestr, ac o fentro rhoi llaw i mewn iddo, llif llawenydd dwyfol ohono. Mae Ronald Grey yn gweld elfen erotig yn y delweddu fan hyn, 'Only by plunging in ... could language be made to flow out – and this, moreover, ... in a sense almost sexually metaphorical'.[20] Deisyfir ar iaith i gydio yn y cleddyf a chodi mewn bri. Fodd bynnag, dylid pwysleisio nad anogaeth i ymladd yn llythrennol sydd yn y llinellau clo, yn hytrach anogaeth i ymfalchïo. Rhaid i'r iaith (Almaeneg) fagu hyder a hunan-barch, nes bod ei bri yn tyfu'n fwy na bri ei chymdogion. Mae Goethe yn annog y darllenwyr i ddiosg unrhyw ymdeimlad o israddoldeb yn wyneb ieithoedd eraill, ac i siarad eu hiaith eu hunain â balchder.

O ran cyfieithu, cyfyd sawl her yn y cwta saith llinell, ac mae'r amrywiaeth yn yr atalnodi a welir mewn gwahanol olygiadau yn ychwanegu at yr heriau. Nid oes patrwm odl pendant, ac eto mae mydr rheolaidd i'r llinellau. Rhaid oedd oedi uwch y ffurf enidol annisgwyl, 'Urne Bauch' (bol yr wrn), ac mae rhywun yn cydymdeimlo ag un copïwr a gamnododd 'Bruch' fan hyn yn lle 'Bauch', gan y byddai 'Bruch' yn awgrymu 'darn wedi'i dorri' ac a fyddai'n gwbl resymegol.[21] Dewiswyd 'yn ddwfn' i gyfleu 'milde', oherwydd dylid deall yr adferf hon yng ngoleuni ei defnydd yng nghyfnod Goethe sef 'yn haelfrydig', yn lle 'yn addfwyn' fel y mae'n fwy arferol ei deall heddiw.[22] Cadwyd yr ebychnodau niferus a'u gweld yn rhan annatod o berswadio brwdfrydig y bardd.

IAITH

Wfft i gyfoethog a thlawd! Ac wfft i gryf a gwan!
Ydy bol yr wrn a gladdwyd dan bridd yn gyfoethog?
Ydy'r cleddyf sydd yn ystordy'r arfau'n gryf?
Estynna'n ddwfn i mewn, ac ohonot ti,
Llif llawenydd dwyfol llwyr!
Cydia yn y cleddyf, a cher ymlaen at fuddugoliaeth, grym
a bri goruwch cymydog!

Nodiadau

1 Johann Wolfgang von Goethe, 'Sprache', yn *Goethes Sämtliche Werke, Jubiläums*-Ausgabe, 40 cyfrol, II (Stuttgart a Berlin: J. G. Gotta'sche, 1902–12), t. 154.

2 Goethe, 'Maximen und Reflexionen', yn *Goethes Werke*, gol. Herbert von Einem a Hans Joachim Schrimpf (Hamburg: Christian Wegner Verlag, 1953), XII, t. 456.

3 Goethe, 'Etymologie', yn *Goethes Sämtliche Werke, Jubiläums-Ausgabe*, II, t. 180.

4 Ibid.

5 Goethe, 'Deutsche Sprache', yn *Goethes Sämtliche Werke, Jubiläums-Ausgabe*, XXXVII, tt. 90–5 (t. 96).

6 Ibid.

7 Goethe, 'Maximen und Reflexionen', t. 508.

8 Stephan Waetzoldt, *Die Jugendsprache Goethes; Goethe und die Romantik; Goethes Ballade, Drei Vorträge* (Llundain: Classic Reprints, Forgotten Books, 2018).

9 Ibid., t. 25.

10 Ibid., t. 26.

11 Ibid., t. 27.

12 Gw. t. 6.

13 Goethe, 'Faust, Erster Teil', yn *Goethes Sämtliche Werke, Jubiläums-Ausgabe*, XIII, t. 156.

14 Goethe, 'Der ewige Jude', yn *Goethes Sämtliche Werke, Jubiläums-Ausgabe*, III, t. 232.

15 Ibid.

16 Goethe, 'Venezianishe Epigramme 29', yn *Goethes Sämtliche Werke, Jubiläums-Ausgabe*, I, t. 211.

17 Goethe, 'Venezianische Epigramme 76', yn *Goethes Sämtliche Werke, Jubiläums-Ausgabe*, I, t. 221.

18 Ronald Grey, 'Introduction', *Poems of Goethe* (Caergrawnt: Cambridge University Press, 1966), t. xxii.

19 Defnyddir hefyd y syniad o fod yn ddwyieithog fel bod yn meddu ar gleddyf daufiniog, ac mae defnyddio cleddyf fel trawsenw, neu fetonym, am yr ysgrifbin hefyd yn hen.

20 Grey, 'Introduction', *Poems of Goethe*, t. xxi. Dylid nodi bod Grey hefyd yn gweld yma'r ddolen, fel canfu Waetzoldt bron ganrif o'i flaen, rhwng adfywio iaith ac adeiladu cenedl. Drwy ddefnyddio iaith mewn ffordd mor newydd, mynna Grey fod Goethe yn gwbl ymwybodol ei fod yn cyfrannu at ddatblygu ymwybyddiaeth genedlaethol. Gw. Grey, 'Introduction', *Poems of Goethe*, t. xxii.

21 Mae John Michael Krois yn tynnu sylw at hyn yn Ernst Cassirer, *The Philosophy of Symbolic Forms, Vol. 4 The Metaphysics of Symbolic Forms*, gol. John Michael Krois a Donald Phillip Verene (Llundain: Yale University Press, 1996), t. 18, troednodyn 23.

22 Gw. Grey, 'Introduction', *Poems of Goethe*, t. xx–xxi.

PENNOD 5

Dillad benthyg

LISTEN AND REPEAT: UN PAXARO, UNHA BARBA[1]

Todo o ceo está en crequenas. Unha sede intransitiva.

Falar nunha lingua allea
parécese a poñer roupa prestada.

Helga confunde os significados de país e paisaxe.
(Que clase de persoa serías noutro idioma?).

Ti, fasme notar que, ás veces,
este meu instrumento de corda
vocal
desafina.

No patio de luces da linguaxe,
engánchame a prosodia
no vestido.

Contareiche algo sobre os meus problemas coa lingua:
hai cousas que non podo pronunciar.

Como cando te vexo sentado e só vexo
unha cadeira —
ceci n'est pas une chaise.
Unha cámara escura proxecta no hemisferio.

Pronunciar: se o poema é
un exorcismo, un cambio de agregación; algún humor
solidifica para abandonarnos.

Así é a fonación, a entalpía.

Pero tes toda a razón:
o meu vocalismo deixa
moito que desexar.

(Se deixo de mirar os teus dentes
non vou entender nada do que fales).

O ceo faise pequeno. Helga sorrí en cursiva.

E eu aprendo a diferenciar entre unha barba e un paxaro
máis alá de que levante o voo
se trato de collela
entre as mans.

Yolanda Castaño (1977–)

690 milltir

(Aberystwyth – Santiago de Compostela)

Dillad Benthyg

Ddeugain mlynedd yn ôl a mwy, cofiaf i'r Athro Robert Havard, Aberystwyth, ofyn i'r rhai a oedd yn siarad Cymraeg aros ar ôl y wers Portiwgaleg. Eisiau ein holi am y gair 'hiraeth' oedd arno, gan ddweud ei fod wedi dechrau ymchwilio i waith y bardd Rosalía de Castro. Dyma, heb os, lenor mwyaf adnabyddus Galisia. Cysylltir hi â chyfnod y 'Rexurdimento', sef cyfnod yn ail hanner y bedwaredd ganrif ar bymtheg pan aethpwyd ati i geisio adfywio iaith a diwylliant Galisia. (Fel y gwelir yn y bennod nesaf, dyma'r cyfnod pan oedd Sbaeneg ardal Castilia wrthi'n unffurfio holl amrywiaeth ieithyddol gorynys Iberia.) Cawn syniad o statws de Castro wrth ystyried bod diwrnod cyhoeddi ei chyfrol gyntaf, *Cantares Gallegos* (Cerddi Galiseg),[2] sef 17 Mai, erbyn heddiw wedi ei neilltuo'n ddiwrnod gwyliau swyddogol yn Galisia a'i alw'n 'Ddiwrnod Llenyddiaeth'. Diddordeb yr Athro Havard oedd bod y gair 'saudade' neu 'saudades' (gan ei fod yn aml i'w glywed yn ei ffurf luosog) yn nodwedd amlwg ar gerddi Galiseg de Castro. Fel gair Portiwgaleg y cyfyd 'saudades' fel arfer, a hynny'n gyson yng nghyd-destun sgyrsiau am 'eiriau anghyfieithiadwy'. Roedd Robert Havard, un o'r amryw o Gymry hynny sydd â'r Gymraeg o dan yr wyneb yn rhywle ond nid yn hollol ar flaen y tafod, yn synhwyro bod 'hiraeth' yn cynnig cyfieithiad go agos ati.[3] A byddai'n rhaid cytuno ag ef.

Mae Portiwgaleg a Galiseg yn rhannu nifer o eiriau tebyg ar wahân i 'saudades' – wedi'r cyfan, dyma ddwy chwaer agos yn nheulu mawr yr ieithoedd Romáwns. Nid Galiseg yw Portiwgaleg fodd bynnag. Nid Sbaeneg mohoni chwaith. Nid o'i rhan ei hun nag o ran ei statws. Bu Galiseg ar dafod leferydd trigolion gogledd-orllewin gorynys Iberia ers canrifoedd.[4] Mewn Galiseg y bu beirdd yn canu rhai o gerddi telynegol mwyaf nodedig Ewrop yr Oesoedd Canol. Ond er bod tua 2.2 miliwn mewn poblogaeth o 2.8 miliwn yn ei siarad hyd yn oed heddiw, poblogaeth rhanbarth yw'r boblogaeth hon ac nid poblogaeth gwlad. Cymuned hunanlywodraethol yw Galisia. Sbaen yw'r wlad wrth gwrs, ac fel cyfran o siaradwyr y wlad ohono, mae'r 2.2 miliwn yn fach. Fodd bynnag, oherwydd ei statws fel mwyafrif yn ei thiriogaeth ei hun, mae ei sefyllfa'n go arbennig o'i chymharu â nifer o ieithoedd lleiafrifol eraill Ewrop. Yn Galisia, mae hi'n gwbl hyfyw fel iaith bob-dydd. Yn wir, er 1981, mae Statud Hunanlywodraeth Galisia yn nodi'r tri pheth arwyddocaol hyn: iaith gynhenid Galisia yw'r Galiseg; mae'r Galiseg fel y Sbaeneg yn iaith swyddogol yn y dalaith; ac mae gan bawb hawl gyfartal i ddefnyddio'r ddwy iaith.[5] Serch hyn, mae'r ystadegau diweddar wedi bod yn dangos cwymp yn y nifer o bobl sy'n siarad Galiseg 'fel arfer', a'r gostyngiad yn nodedig ymhlith y bobl ifanc.[6]

Gyda hynny o gyflwyniad i'r iaith, a'r ffaith fod 'Galisia' a 'Gales' (sef y gair Sbaeneg am 'Gymru') yn ddigon tebyg i fod wedi peri i ambell un ddrysu rhwng y Cymry a'r Galisiaid, a bod sawl ymgais (a dadl) wedi bod ar hyd y degawdau i hawlio cysylltiad Celtaidd rhwng y rhan ogleddol hon o Sbaen a Chymru,[7] roeddwn yn awyddus i gynnwys cerdd mewn Galiseg yn y gyfrol. Rosalía de Castro fyddai wedi bod y dewis amlwg, ac mewn un gerdd o'i gwaith sy'n perthyn i'n thema ni, mae tinc y 'saudades' i'w synhwyro, wrth i'r bardd hawlio bod iaith yn eiddo i'r holl greadigaeth:

Dywedant nad yw'r planhigion, na'r ffynhonnau, na'r adar,
na chwaith y don a'i sisial, na'r sêr a'u sglein, yn siarad,
dywedant hyn, ond nid oes sicrwydd, oherwydd bob tro
    yr af innau heibio,
maent yn murmur ac yn bloeddio amdanaf:[8]

Ond er cymaint y mae de Castro yn fy nhemtio, troi at fardd mwy diweddar a llai annisgwyl a wneuthum. Ers dyddiau de Castro, mae'r traddodiad barddol yn Galisia wedi cael cyfnodau o drai a llanw, ac un o'r cyfnodau o lanw oedd y 1950au wedi sefydlu'r wasg ddylanwadol, Galaxia. Erbyn y 1990au, roedd sôn drachefn am adfywiad, ac mae'r don honno'n dal i chwyddo, a'r sîn farddol yn Galisia yn cael ei chyfrif gyda'r mwyaf bywiog a chyffrous drwy Sbaen gyfan. Yn 2017, flynyddoedd wedi'r sgwrs honno â'r Athro Havard, ond unwaith eto ar gampws Prifysgol Aberystwyth, y tro hwn draw yng Nghanolfan y Celfyddydau, bu un o'r genhedlaeth newydd hon, un o linach de Castro, yn darllen ei gwaith. Yr achlysur oedd Gŵyl Farddoniaeth Ryngwladol Cymru, ac enw'r bardd: Yolanda Castaño. Un o'i cherddi hithau sy'n hawlio ein sylw.

Fe'i ganed yn Santiago de Compostela, prif ddinas Galisia, ac fe'i hystyrir erbyn heddiw yn un o feirdd allweddol yr adfywiad newydd. Yn sicr, mae'n fardd lliwgar sydd wedi manteisio'n llawn ar y cyfryngau cymdeithasol i ddatblygu proffil uchel iddi hi ei hunan. Cymaint felly nes iddi gael ei disgrifio gan un beirniad sur fel 'fashionista' a 'floating poet'.[9] Ta waeth am hynny, enillodd gydnabyddiaeth glodwiw am ei barddoniaeth, gan gynnwys Gwobr Farddoniaeth Espiral Maior, gwobr y Fundación Novacaixagalicia, a gwobr llyfrwerthwyr Galisia fel awdur y flwyddyn. Mae hefyd yn artist, yn olygydd ac yn ohebydd, ac enillodd Wobr Academi Glywedol Galisia yn 2005 gan gyrraedd y brig fel y cyfathrebydd teledu gorau.

Yn 2013, cyhoeddodd gyfrol o gerddi o dan y teitl *A segunda lingua* ('Yr ail iaith'),[10] a chyda theitl o'r fath, fel y byddai rhywun yn ei ddychmygu, mae'n gyforiog o gyfeiriadau at iaith. Erbyn 2015, roedd fersiwn ddwyieithog ar glawr, gyda'r cerddi mewn Galiseg ochr yn ochr â chyfieithiadau i'r Sbaeneg gan y bardd ei hun.[11] Yn y gyfrol ceir cerddi am ddwyieithrwydd, iaith yr awen (a'r syniad o farddoniaeth fel iaith leiafrifol), iaith camddeall, crefft cyfieithu, a cherddi sy'n mynd i'r afael ag elfennau iaith, rhai mor fân â gair, a rhai manach eto fel llythrennau'r wyddor.

Mae un gerdd ganddi hefyd 'I'r gair Galisia', sy'n cyfeirio at y dirmyg y mae siaradwyr Galiseg yn gorfod ymgodymu ag ef. Disgrifir sut y cânt eu bychanu gan sylwadau sy'n mynnu nad ydyw eu hiaith yn ddim mwy nag amrywiad; tafodiaith o iaith.[12] Yn y gerdd, ceir chwarae ar ystyr ddeublyg 'tafod' fel 'iaith' ac fel 'aelod o'r corff'. Ateb y beirniaid i'r sarhau yw dweud, yn goegni i gyd, fod rhai pobloedd sydd mor ddiwylliedig, mor gwrtais 'nes nad ydyn nhw fyth yn dangos eu tafod',[13] ond nid felly pobl y bardd. Mae'r cwlwm sydd rhyngddi a'i hiaith, ei hunaniaeth a'i holl ymwybyddiaeth o bwy ydyw, rhwng Galiseg, Galisia a'r Galisiaid, mor dynn nes i'i bardd ddatgan, 'Er mwyn dweud wrthyt o ble rwy'n dod / Mae'n rhaid i mi dynnu 'nhafod arnat'.[14]

Mewn cyfweliad ar sianel *YouTube* dywed Castaño mai cyfathrebu yw thema ei chyfrol gyfan, ymdriniaeth â'r modd yr ydym ni'n ymwneud â'n gilydd.[15] Ac wrth grynhoi *A segunda lingua*, mae Elena Medel, bardd a beirniad, yn tynnu sylw at yr elfen gref sydd yn y cerddi o arbrofi ag effaith iaith ar ein synhwyrau, a'r modd y maen nhw'n meddiannu'r man lle daw corff ac iaith i wrthdaro â'i gilydd.[16] Yn y rhag-hysbyseb clywedol a ryddhawyd i gyd-fynd â lansiad y gyfrol, mae'r elfennau corfforol, synhwyrus hyn yn amlwg.[17] Mae'r ffilm fer yn atgoffa rhywun o olygfa enwog a swreal *Un Chien Andalou* Luis Buñel a Salvador Dalí,[18] ond yn hytrach na rasal drwy lygad, ffocws yr artaith y tro hwn yw saethiadau seicadelig a chyson o offeryn metal yn lliwio tafod â thar du, a sŵn fel gwreichion gwefru trydan yn aflonyddu'r trac sain. Amyneilir hyn â saethiadau du a gwyn o dirlun diffaith heb ynddo ddim ond craig a môr a llafnau tyrbinau gwynt yn hollti'r gwyll, a'r cyfan o dan awyrlun o gymylau'n ymsymud fel tonnau llwyd.

O'r gyfrol gyfoethog hon, dewiswyd cerdd y mae â'i theitl hyd yn oed yn ddwyieithog, 'LISTEN AND REPEAT: un paxaro, unha barba' (LISTEN AND REPEAT: aderyn, barf). Man cychwyn y gerdd yw'r profiad o ddysgu iaith newydd, ac o'r llinellau cyntaf mae gwreiddioldeb y delweddu'n gafael. Gan fynd â ni i fyd gramadeg, mae'n cymharu syched llwyr â berf gyflawn.[19] Mae'r gymhariaeth yn ein hanesmwytho, gan fod 'syched' yn rhywbeth negyddol, a'r syniad o 'gyflawnder' ar y cyfan yn rhywbeth cadarnhaol. Yna, gan ganolbwyntio ar y broses o ddysgu iaith newydd, daw'r elfennau corfforol o ddeall a mynegi iaith i'r amlwg. Er mwyn deall, dywedir bod rhaid edrych yn ofalus ar ddannedd y sawl sy'n siarad, ac mae'n rhaid hoelio sylw ar dannau'r llais, gydag ynganu a llefaru iaith yn cael eu diffinio fel 'enthalpi', sef – a dyma fentro – cyfanswm egni mewnol system thermodynamig a lluoswm ei bwysedd a'i gyfaint. Yn y gerdd, holltir iaith yn elfennau megis sain a mydryddiaeth, a hyd yn oed yn elfennau alograffeg megis llythrennau italig.

Wedi disgrifio siarad ail iaith fel gwisgo dillad benthyg (cofiwn am Wittgenstein, Emrys ap Iwan a Lewis Edwards), cyflwynir delwedd newydd, sef y syniad o iaith fel rhywbeth sydd â 'gardd gefn', yr ardd honno sydd hytrach o'r golwg, y man lle mae'r drysni'n fwy tebygol o gael rhwydd hynt. Drwy ein harwain yma, daw hi'n bosibl cymharu mydryddiaeth iaith â drain sy'n gallu 'cydio' neu 'fachu' yn y wisg, a lle mae'r ferf mewn Galiseg, 'enganchar', yn awgrymu mwy na 'chydio', mae'n 'rhwygo' hefyd, hyd yn oed.

Ond mae'r gerdd yn cloi gyda delwedd wrthgyferbyniol, lle gwelir iaith fel yr union beth nad ydyw'n 'cydio'. O'i rhoi hi yn y cyflawnder sydd y tu hwnt i'w helfennau unigol, nid oes modd ei dal hi rhwng dwy law. Er bod sain 'beard' a 'bird' yn amlwg wedi drysu dysgwraig y Saesneg, mae hi'n deall nad oes modd dal ystyr yn ei dwylo. Cyfyd ystyr iaith allan o'n gafael i gyrraedd rhywun arall.

O ran y cyfieithu, er mwyn cyfleu'r ystyron y mae'r sylwadau uchod yn eu hawgrymu, ychwanegwyd cymal at y syniad o syched cyflawn, gan amlygu'r cysylltiad gramadegol. Yna, gan mai un o'r rhesymau dros ddewis y gerdd yw ei bod wedi ei gosod ar y ffin rhwng dwy iaith, cadwyd elfen ddwyieithog y teitl gwreiddiol. Cadwyd hefyd y ddau air Cymraeg, 'aderyn' a 'barf' yn y pennill olaf. Mae'n rhaid eu cyfieithu i'r Saesneg, pawb drosom ein hunain, er mwyn cydymdeimlo â'r dryswch y maen nhw'n ei achosi i'r ddysgwraig, druan.

Mae'r wybren i gyd yn ei chwrcwd. Syched cyflawn.
Cyflawn fel berf nad yw'n galw am wrthrych.

Mae siarad iaith ddieithr
fel gwisgo dillad benthyg.

Mae Helga'n drysu rhwng ystyr y gair tir a thirlun.
(Pwy fyddet ti mewn iaith arall?)

Ti, rwyt ti'n gwneud i mi sylwi, weithiau,
fod llinyn offeryn
fy llais
allan o diwn.

Yng ngardd gefn iaith,
mydryddiaeth yw'r hyn sy'n cydio
yn nefnydd fy ngwisg.

Ac mi ddweda' i rywbeth wrthyt ti am fy mhroblem gydag iaith:
mae pethau na fedraf i mo'u hynganu.

Fel pan fyddaf i'n dy weld di'n eistedd ac yn gweld dim byd
ond cadair –
ceci n'est pas une chaise.
Mae camera obscura'n taflunio pelydrau ar yr hemisffêr.

Ynganu: os yw'r gerdd
yn bwrw cythreuliaid, yn newid y cyfanswm; mae rhyw anian
yn ymffurfio er mwyn dianc o'n gafael.

Dyna beth yw lleferydd, enthalpi.

Ond wyt, rwyt ti yn llygad dy le:
mae fy ffordd o siarad
yn bur ddiffygiol.

(Os ydw i'n peidio ag edrych ar dy ddannedd
ddealla'i ddim oll o'r hyn rwyt ti'n ei ddweud.)

Mae'r wybren yn crebachu. Mae Helga'n gwenu mewn italeg.

Ac rwy'n dysgu gwahaniaethu rhwng barf ac aderyn
y tu hwnt i'r hyn sy'n codi hedfan
os ydw i'n ceisio'i ddal
yn fy nwylo.

Nodiadau

1 Yolanda Castaño, 'LISTEN AND REPEAT: un paxaro, unha barba', yn *La segunda lengua/A segunda lingua* (Madrid: Visor Libros, 2015), tt. 52–4.

2 Rosalía de Castro, *Cantares Gallegos* (Vigo: Juan Compañel, 1863).

3 Robert Havard, '*Saudades* as Structure in Rosalía de Castro's *En las orillas del Sar*', *Hispanic Journal*, 5 (1983), 29–41.

4 Am drosolwg o hanes traddodiad barddol Galisia, gweler cyflwyniad Manuela Palacias yn Mauela Palacios (gol.), Keith Payne (cyf.), *Six Galician Poets* (Cernyw: Arc Publications, 2016), tt. 11–21.

5 Cadarnhawyd yr ysbryd hwn yn Neddf Normaleiddio leithyddol y rhanbarth ym 1983.

6 *www.lingua.gal/portada*.

7 Gw. e.e. Manuel Alberro, 'The Celticity of Galicia and the Arrival of the Insular Celts', *Proceedings of the Harvard Celtic Colloquium*, 24/25 (2004/5), 1–15.

8 Rosalía de Castro, 'En Las Orillas del Sar', yn *Obras Completas* (Madrid: Aguilar, 1960), tt. 632–3. Gw. hefyd astudiaeth fywgraffiadurol o de Castro gan V. Garcia Marti yn ei ragair i'r *Obras Completas*, tt. 9–205.

9 José María Rodríguez García, 'Yolanda Castaño: Fashionista and Floating Poet', *Discourse*, 33/1 (Gaeaf 2011), 101–27.

10 Yolanda Castaño, *A Segunda Lingua* (A Coruña: Caixa Galicia, 2013).

11 Yolanda Castaño, *La segunda lengua* (Madrid: Visor Libros, 2015).

12 Yolanda Castaño, 'A Palabra Galicia', yn *La segunda lengua*, t. 90.

13 Ibid.

14 Ibid.

15 *www.youtube.com/ watch?v=8q7FlTq-OQY*.

16 *www.versopolis-poetry.com/ poet/32/yolanda-castano*, a hefyd *www.visor-libros.com/ tienda/la-segunda-lengua.html*.

17 *www.youtube.com/ watch?v=AcDVAOethro*.

18 Luis Buñel (cyfarwyddwr ac awdur) a Salvador Dalí (awdur), *Un Chien Andalou* (Paris: Studio des Ursulines, 1929).

19 Mae berf gyflawn yn gallu bodoli ar ei phen ei hunan (e.e. nofio), ond mae berf anghyflawn yn galw am wrthrych (e.e. rhoi, lle mae'n rhaid rhoi rhywbeth – er nad oes rhaid enwi'r rhodd, wrth reswm).

Gwaed fy ysbryd

LA SANGRE DEL ESPÍRITU[1]

La sangre de mi espíritu es mi lengua,
y mi patria es allí donde resuene
soberano su verbo, que no amengua
su voz por mucho que ambos mundos llene.

Ya Séneca la preludió aun no nacida
y en su austero latín ella se encierra;
Alfonso a Europa dió con ella vida,
Colón con ella redobló la tierra.

Y esta mi lengua flota como el arca
de cien pueblos contrarios y distantes,
que las flores en ella hallaron brote,

de Juárez y Rizal, pues ella abarca
legión de razas, lengua en que a Cervantes
Dios le dió el Evangelio del Quijote.

Miguel de Unamuno (1864–1936)

794 milltir

(Aberystwyth – Salamanca)

Gwaed fy ysbryd

Tir mawr Iberia sy'n hawlio Miguel de Unamuno, a Salamanca, Sbaen, yn benodol. Yno, mae cerflun yn cofnodi ei gysylltiad â'r dref a'i phrifysgol hynafol lle bu'n Athro Groeg Clasurol cyn dod yn *Rector*, neu'n Brifathro, a hynny ddwywaith – yn y lle cyntaf o 1900 i 1924, ac yn ail o 1930 i 1936. Cael ei daflu o'i swydd a wnaeth rhwng y ddau gyfnod, a hynny am iddo wrthwynebu unbennaeth Primo de Rivera, ac ar hyd ei oes bu'n ffigwr cenedlaethol dadleuol. Treuliodd hyd yn oed ei ddyddiau olaf un dan warchae. A chawn glywed rhagor am hynny yn y man.

Am y tro, dewch i'r brifysgol honno yn Salamanca, sefydliad sy'n hawlio'n falch mai hi yw'r drydedd hynaf yn y byd. Rydych ar daith drwy ei chloestrau, ac mae'r tywysydd yn oedi ger yr 'Aula', y ddarlithfa ganoloesol, i adrodd y stori enwog am Fray Luis de León a fu'n Athro yn y Brifysgol yn yr unfed ganrif ar bymtheg ac a dreuliodd bedair blynedd yng ngharchar y Chwilys. Cewch glywed sut y bu iddo ddychwelyd i'w ddarlithfa, codi ei lygaid tua'i fyfyrwyr a dweud yn dawel, hamddenol, 'Dicebamus hesterna die' ('fel yr oeddwn yn dweud ddoe ddiwethaf').[2] Yna, bydd y tywysydd yn siŵr o droi ei sylw at Unamuno, gan ei osod yn yr un oriel anfarwol, a dweud sut y rhoddodd fywyd newydd i chwedl Fray Luis. Wedi dychwelyd i'r sefydliad o'i waharddiad hir, agorodd Unamuno yntau ei ddarlith gyntaf gyda'r union un ergyd, ond yn Sbaeneg, nid yn Lladin, y tro hwn: 'Decíamos ayer'.[3]

Roedd Unamuno yn un o'r grŵp disglair o lenorion ac ysgolheigion a adwaenir fel 'Cenhedlaeth '98', rhai fel Antonio

Machado, Pio Baroja ac Azorín. Roeddent yn gynhyrchiol yng nghyfnod rhyfel Sbaen-America a'r degawdau wedi hynny. Dyma'r cyfnod pan gollodd Sbaen y tiroedd a wladychwyd yn Cuba, Puerto Rico, Ynysoedd y Philipinos ac ynys fechan Guam. Profodd Sbaen argyfwng gwleidyddol a chymdeithasol yn sgil yr ymladd, ac roedd y grŵp yn feirniadol o gulni cyfundrefn y dydd.

Heb os, cyfrannodd Unamuno'n helaeth at fywyd deallusol ei gyfnod gan ysgrifennu gweithiau athronyddol, traethodau, ysgrifau, dramâu a cherddi, a'r cyfan mewn Sbaeneg glân gloyw. Eto i gyd, Basgwr ydoedd. Yn ei eiriau ei hun, roedd yn Fasgwr 'por todos los costados' ('o'l gorrun i'w sawdl').[4] Fe'i ganed yn Bilbao. Basgwyr oedd ei rieni. Roedd yn medru Basgeg, o leiaf ers dyddiau ei arddegau. Ymddiddorai yn yr iaith Fasgeg. Testun ei ddoethuriaeth oedd 'Beirniadaeth ar Broblem Tarddiad a Chynfyd Hil y Basgiaid',[5] ac yn yr un cyfnod (1884) ysgrifennodd draethawd am 'Yr Elfen Estron yn yr Iaith Fasgeg'.[6]

Ond erbyn 1901, dyma dynnu nyth cacwn i'w ben wrth gondemnio'r Fasgeg (neu'r 'euskera' yn iaith y Basgiaid, a'r 'vascuence' o roi iddi ei henw Sbaeneg). Hawliodd ei bod hi'n iaith dlawd, heb na geirfa na gallu i ymdrin â materion ysbrydol nac unrhyw syniadau haniaethol.[7] Gan gymharu'r iaith â het, mynnodd fod meddwl y Basgwyr wedi tyfu'n fwy na hi.[8] A'i chymharu wedyn â dilledyn, mynnnodd fod yr iaith wedi mynd yn rhy dynn i enaid y Basgwyr, a chan fod defnydd y wisg yn gwrthod rhoi, nid oedd dim amdani ond ei thorri.[9] Doedd hi ddim ffit ar gyfer na gwyddoniaeth na llenyddiaeth, ac yn 'El Bizkaitarrismo y el Vascuence',[10] traethawd a ddaeth yn ddrwgenwog, datganodd Unamuno ei fod yn gwbl argyhoeddedig y byddai'r Fasgeg yn marw maes o law, gan ei bod hi'n iaith anaddas i'r diwylliant modern.[11] Mewn condemniad diflewyn-ar-dafod, cyfeiriodd at y Fasgeg fel 'cawdel o embaras lletchwith' gan synnu y gallai unrhyw un 'honni gweld perffeithrwydd' ynddi.[12] Aeth yn ei flaen i wrthgyferbynnu 'embaras' y Fasgeg â'r Sbaeneg. A bod yn fanwl gywir, Castileg oedd y Sbaeneg hon, sef yr iaith yr arferid ei siarad yn Castilia. Ond roedd ei galw hi'n 'Sbaeneg' yn hytrach na 'Chastileg' wrth gwrs, yn dangos mai hi oedd iaith Sbaen gyfan bellach. Ac roedd y Sbaeneg hon, ym marn Unamuno, yn iaith fwy gorffenedig na'r Fasgeg, yn fwy cyfannol, yn fwy addas at bwrpas dadansoddi, yn fwy addas 'i'r math o ddiwylliant yr ydym ni wedi ymgyrraedd tuag ato'.[13] Mae hyn yn debyg i'r math o resymu a glywid yng Nghymru hyd yn oed ynghynt yn y bedwaredd ganrif ar bymtheg, gyda rhai fel golygydd *Seren Gomer* dim llai, fel y mae Siwan Rosser wedi ein hatgoffa, yn gweld y Gymraeg 'yn rhwystr i ni gynnyddu mewn gwybodaeth'.[14] Erbyn 1918, aeth Unamuno mor bell â honni y byddai'n haws adfywio'r 'megaterio', sef creadur o fawrfil enfawr a fu'n trigo unwaith yn Ne America, nag adfywio'r iaith Fasgeg. Yr unig beth y gellid ei wneud â'r Fasgeg druan, meddai, oedd ei hail-greu, megis mewn amgueddfa, a'i phêreneinio a'i chadw felly.[15]

Dylid oedi yn ein stori fan hyn, mae'n debyg, i rybuddio'r darllenydd fod Unamuno, ar ei gyfaddefiad ei hunan, yn gymeriad llawn gwrth-ddweud, yn enaid aflonydd,[16] a'i fywyd cyfan yn cael ei reoli gan egwyddorion croes: 'Mae ymryson yn f'atynnu ac eto rwy'n hiraethu am heddwch a thawelwch; rwy'n astudio gwyddoniaeth ac yn syrthio i farddoniaeth; yn fy nghalon rwy'n Gristion gwrth-baganaidd, ond rwy'n darlithio clasuron Groeg'.[17] Gellid tybied bod angen y rhybudd hwn oherwydd, ac yntau, fel y gwelsom yn esiamplau'r paragraff blaenorol, wedi lladd ar y Fasgeg a gosod y Sbaeneg holl-gwmpasog yn uwch na hi, aiff yn ei flaen mewn man arall, ymddengys, i danseilio pob cyfiawnhad dros greu hierarchiaeth ieithyddol. Ei ddadl nawr yw mai 'ffaith naturiol yw iaith, sydd â'i rhesymeg gadarn a syml ei hunan', cyn ymhelaethu nad yw'r iaith Fasgeg 'yn fwy nac yn llai perffaith nag ieithoedd eraill', ond gan ychwanegu fod 'popeth yn gymharol berffaith'.[18] Ac arhoswch eiliad. Mae glo mân yn y syniad hwn o 'gymharol berffaith', oherwydd ar ôl dweud bod pob iaith yn iaith 'orau ar gyfer y rhai sy'n ei siarad', aiff rhagddo i ddweud na ellir galw'r 'symlaf' yn 'berffeithiaf'. Mae'n egluro'r hyn sydd ganddo fan hyn cydag esiampl eironig a sarhaus. Cymera'r wystrysen syml a dweud ei bod yn berffaith fel wystrysen, ond nad ydyw'n fwy perffaith gan hynny na dyn.[19] Yr awgrym clir felly yw bod y Fasgeg yn berffaith fel Basgeg ond nad yw hi yn yr un cae ag iaith fel Sbaeneg. Nid esiampl o'i wrth-ddweud nodweddiadol sydd ar waith fan hyn wedi'r cyfan, felly, ond clatshen arall i'w famiaith.

Gyda gwybodaeth am ei agwedd sarhaus tuag at y Fasgeg ac am ei dynfa at groes-ddweud, mae'n bryd ailgydio yn ein stori. Cawn neidio bymtheng mlynedd ar hugain er dyddiad cyhoeddi traethawd damniol 1901, a chyrraedd cyfarfod tanbaid yn y Brifysgol yn Salamanca. Y dyddiad yw 12 Hydref 1936, diwrnod arwyddocaol am mai dyma ben-blwydd Colwmbws yn 'darganfod' America.[20] Rydym yn gwylio'r olygfa drwy lygaid yr hanesydd Hugh Thomas, golygfa a gofnododd yn ei lyfr dylanwadol, *The Spanish Civil War*.[21] Mae'r areithio'n wladgarol a thanbaid a'r lle'n llawn Ffasgwyr i'r carn. Mae'r Athro Francisco Maldonado newydd ddisgrifio Catalwnia a Gwlad y Basg fel 'cancr ar gorff y genedl' gan ddatgan mai Ffasgaeth yw iachäwr Sbaen. Daw llais o blith y dorf a gweiddi '¡*Viva la Muerte!*', sef cri'r Lleng Sbaeneg. Millán Astray, pen-cadlywydd y Lleng, sy'n ymateb nesaf, gyda'r floedd: '¡*España!*'. Mae'r dorf yn gwybod y drefn, ac yn bloeddio'n ôl '¡*Una!*'. Llais Millán drachefn, '¡*España!*'; a'r dorf yn ymateb eilwaith gyda '¡*Grande!*'. Ac wedi i Millán alw am y drydedd waith: '¡*España!*', daw bonllef y dorf â'r gair '*Libre!*'. Cadeirydd y cyfarfod yw Unamuno. Ac er gwaethaf casineb y dorf, cod yn araf i'w draed. Mae'n amhosib iddo aros yn dawel. 'Weithiau,' meddai, 'mae dweud dim gyfystyr â dweud celwydd. Oherwydd gall cadw'n dawel gael ei ddehongli fel cytundeb.'[22] Mae'n atgoffa pawb ei fod e yn enedigol o Wlad y Basg, a bod yr Esgob, sydd hefyd yn bresennol ac yn crynu yn ei esgidiau, yn un o Gatalwnia. Mae'n dadlau'n rhesymegol a phwyllog. Ac yna, llenwir y lle â thawelwch. Tawelwch braw. Yng ngeiriau Thomas: 'No speech like this had been made in nationalist Spain. What would the rector say next?'[23]

Parhau â'i ymresymu deallus a wna ein prif gymeriad, ac mae hyn yn corddi'r dorf hyd nes bod Millán Astray yn methu ymatal mwy: 'Mueran los intelectuales!' ('Bydded farw'r deallusion!'). Ac yna, daw Unamuno at y brawddegau enwog:

Fe enillwch chi, ond wnewch chi ddim argyhoeddi. Fe enillwch chi am eich bod yn meddu ar ddigon o rym corfforol. Ond wnewch chi ddim argyhoeddi, oherwydd er mwyn argyhoeddi mae'n rhaid perswadio. Ac er mwyn perswadio byddai angen yr hyn nad oes gennych chi: rheswm cyfiawn dros eich ymdrech. Ystyriaf ei bod hi'n ofer ymbil arnoch i feddwl am Sbaen. Fe wnes innau.[24]

Bellach mae cryn ddadlau ynghylch union natur ei araith, ac mae ymchwil Severiano Delgado, hanesydd a llyfrgellydd ym Mhrifysgol Salamanca, yn awgrymu mai cyfaill i Unamuno a luniodd yr araith mewn cyfnod wedi'r digwyddiad, gan roi tipyn mwy o rym rhethreg i rediad y geiriau.[25] (A'r cyfaill hwnnw? Yr Athro Cyfraith Sifil a'r bardd, Luis Portillo. Ac os yw'r enw'n canu cloch, oes, mae perthynas: ef oed tad Michael, yr Aelod Seneddol Ceidwadol gynt ac *aficionado* y teithiau trên.) Peth arall y mae cryn ddadlau yn ei gylch yw union natur y berthynas rhwng Unamuno a'r Ffasgwyr. Yn sicr yr oedd wedi cefnogi rhai o'r Ffalangiaid ifanc, fodd bynnag, erbyn dyddiad y cyfarfod yn y Brifysgol, mae'n amlwg iddo newid ei feddwl. Waeth beth oedd ei union eiriau na'i union fwriad, ymddengys ei fod, y noson danbaid honno, o dan amgylchiadau peryglus, yn barod i arddel mai Basgwr o dras ydoedd. Gellid ystyried hynny, mae'n debyg, fel rhyw arwydd o falchder yn ei linach. Ac fe gostiodd iddo ei ryddid, gan mai'n dilyn hyn y rhoddwyd milwr arfog y tu allan i'w dŷ. Ai i'w warchod neu i'w garcharu? Pwy a ŵyr yn union? Doed a ddelo, yn fuan wedyn, bu farw, a hynny, yn ôl y stori, o dor calon.[26]

Gan edrych ar Unamuno felly, yn enwedig drwy sbectol Gymreig, mae cysgod penbleth dros ei agwedd at iaith. Fe'i gwelsom yn datgan mai Basgwr llwyr ydoedd, ac eto ei weld yn dilorni'r union iaith sy'n perthyn i'r hil yr ymfalchïai cymaint ynddi. Mae'r cysgod yn dwysáu wrth droi at y gerdd sy'n cael ein sylw weddill y bennod hon, ac mae ei syniadau trefedigaethol yn ein hanesmwytho. Yn y gerdd, mae'r bardd nid yn unig yn clodfori Sbaeneg fel iaith ei enaid, ond y mae hefyd yn ei mawrygu fel iaith sy'n cyfannu pobloedd yn y gwledydd a ddaeth o dan reolaeth ymerodraeth Sbaen ar hyd a lled y byd. Gwna hyn oll heb sôn na siw na miw am na'r Fasgeg na'r ieithoedd a oedd yn perthyn yn wreiddiol i'r bobl a wladychwyd. Dichon y gellir cydymdeimlo â'r syniad cynhwysol o iaith yn cofleidio pobl. Problem gwelediaeth Unamuno yw bod y cynnwys ar draul amrywiaeth. Cymhathiad ydyw. Athroniaeth y 'naill ai neu' yn hytrach na'r 'yn ogystal â' yw ei ddull o weld. Mae'r Sbaeneg yn uno pobloedd â'i gilydd, ond yn gwneud hynny wrth i'r bobloedd ildio eu hieithoedd cynhenid. O dan y mawl sydd ar wyneb llinellau'r gerdd, mae'n amhosib heddiw i ni beidio â theimlo tyndra. Dyhead Unamuno oedd gweld un Iberia – y dylanwadau arni'n lluosog, a'i dylanwad hithau'n bell-gyrhaeddol – yn ymgynghreirio Ewrop a'r byd drwy'r iaith Sbaeneg. Byddai Catalán a Phortiwgaleg yn dylanwadu ar yr iaith, ond byddent, maes o law, yn diflannu, yn yr un modd ag yr oedd ieithoedd León, Aragón ac Andalucía eisoes wedi gwneud. Er cydnabod bod y colli ieithoedd hyn yn 'ffaith drist', mae'n unplyg yn ei ddeisyfiad am weld hyn yn digwydd.[27] Roedd yn argyhoeddedig mai drwy'r un iaith hon, Sbaeneg, y byddid yn creu dolen i gysylltu nid yn unig y bobloedd 'gartref' ond dramor hefyd.

A throi at y modd y delweddir iaith yn y gerdd, gwelwn fod y teitl eisoes yn cynnig darlun trawiadol. Dyma iaith fel 'gwaed yr ysbryd'. Cyplysir 'iaith' ac 'ysbryd' droeon yng ngwaith Unamuno. Dyna i chi'r syniad o iaith fel 'y weithred ysbrydol' a geir mewn erthygl lle mae'n esbonio bod y rhai sy'n meddwl, yn teimlo ac yn gweithio yn Sbaeneg i gyd yn rhannu'r un gwreiddyn ysbrydol a dynol.[28] Mae'n aml yn cyplysu hefyd y syniad o 'enaid' ac 'ysbryd', ac un o'i ddyfyniadau enwocaf am iaith yw'r un sy'n datgan mai iaith yw 'gwaed yr enaid, cerbyd syniadau'.[29] Yn sicr, ergyd y trosiadau hyn yw trosglwyddo ei syniad o 'angerdd' iaith. Mewn casgliad o gerddi Unamuno (a gyflwynwyd, fel mae'n digwydd, i un o Feirdd Cadwgan, Gareth Alban Davies), mae C. A. Longhurst yn cynnwys tair cerdd i wahanol 'fathau' ar eiriau, a'i gyfieithiad o'r gerdd 'La Palabra Vibrante' ('Y Gair sy'n Dirgrynu') yn dangos tanbeidrwydd yr angerdd hwn drwy gynnig mai gair 'llosg' yw 'enaid gwaed iaith'.[30]

Y tu hwnt i'r teitl, mae'r gerdd yn gyforiog o drosiadau eraill am iaith. Gwelwn mai iaith yw'r hyn sy'n diffinio mamwlad. Gwelwn fod modd rhagfynegi iaith. Gellir ei chaethiwo ac mae perygl iddi gael ei bychanu. Mae ganddi lais. Gall roi genedigaeth i gyfandiroedd. Gall ddyblu'r ddaear. Gall hwylio fel arch neu long sy'n cyfannu pobloedd dros bellter eang. Mae'n werth nodi bod Unamuno, mewn traethawd ym 1933 ar ddygwyl y 'Día de la raza',[31] wedi diffinio 'raza' – sef gair sy'n llythrennol yn golygu 'gwreiddyn' ac sy'n cyfateb i 'race' yn y Saesneg yn well na 'hil' yn y Gymraeg – fel rhywbeth y tu hwnt i 'hil', gan fynd mor bell â datgan: 'la lengua es la raza' ('yr iaith yw'r hil').[32] Yn ôl at ddelweddau'r gerdd, gwelwn y gall blodau egino oddi mewn i iaith. Gall iaith gofleidio 'lleng sawl llinach'. Yna, yn y llinell glo, portreadir iaith fel cyfrwng dwyfol, wrth i Dduw ei defnyddio i ysbrydoli llenorion.

O ran trosi'r gerdd, cyfyd sialens gyda'r gair 'verbo' sy'n ymddangos yn nhrydedd linell y gwreiddiol. Erbyn heddiw, mae 'verbo' fel arfer yn golygu 'berf' yn Sbaeneg, ac, yn llai arferol, gall hefyd olygu 'iaith', ond nid yw'n golygu 'gair' fel y cyfryw. Ar gyfer 'gair', defnyddir 'palabra'. Eto i gyd, 'Verbo' (gydag 'V' fawr) yw'r hyn a welir yn adnodau cyntaf Efengyl Ioan y Testament Newydd Sbaeneg, lle mae 'Gair' yn y cyfieithiad Cymraeg. Cymharer: 'Yn y dechreuad yr oedd y Gair; yr oedd y Gair gyda Duw a Duw oedd y Gair'[33] ag 'En el principio era el Verbo, y el Verbo era con Dios, y el Verbo era Dios'.[34] (Cofiwn yma mai 'verbum' yw'r Lladin am 'gair' ac mae dylanwad yr iaith honno ar gyfieithiadau'r Beibl yn anochel.) Byddwn wedi hoffi ychwanegu 'gweithredol' at 'gair' er mwyn dal ychydig ar naws ac ergyd bosibl y gwreiddiol, ond roedd rhaid dewis rhwng hynny a pharchu ffurf y llinell. Yn gam neu'n gymwys, enillodd y rhifo sillafau'r dydd y tro hwn, a bodlonais ar 'Gair' gydag 'G' fawr.

Parthed y cyfeiriadau sydd yn y gerdd, tynnir yn yr wythawd ar Séneca, Alfonso a Colwmbws fel esiamplau o bobl sydd, ar hyd y canrifoedd, wedi datblygu'r iaith Sbaeneg a'i chludo dros y moroedd. Ganed Séneca yn Córdoba, de Sbaen, tua'r flwyddyn 4 OC. Er iddo gael ei fagu yn Rhufain, roedd brwdfrydedd yng nghyfnod Unamuno i'w hawlio fel 'ysbryd Sbaen' a mynnu bod 'senequismo', sef ysbryd y llenor a'r athronydd stöic hwn, yn llinyn cyswllt rhwng cenedlaethau Sbaen.[35] Alfonso wedyn yw Alfonso Ddoeth, neu Alfonso'r 10fed, brenin Castilia, León a Galisia yn y drydedd ganrif ar ddeg. Roedd gan y bardd-frenin, a farddonai mewn Galiseg, fydolwg cosmopolitan. Roedd lle blaenllaw yn ei lys i Iddewon, Mwslemiaid a Christnogion fel ei gilydd, a hyrwyddodd gyfieithu gweithiau o'r Arabeg a'r Lladin i'r Gastileg. Colwmbws wrth gwrs yw'r anturiaethwr a wasanaethodd y Brenin Fernando a'r Frenhines Isabel, gan dderbyn eu nawdd i fordeithio i'r Caribî, Canol a De America (o ran ein sylw ni ar iaith, mae'n ddiddorol nodi nad yw hi'n gwbl sicr beth oedd iaith gyntaf Colwmbws ond, heb os, roedd yn medru sawl iaith – Groeg a Lladin yn eu plith – eto i gyd, fel cludwr y Sbaeneg y caiff ei goffáu yma.)

Yn y chwechawd wedyn, cyfeirir at Juárez, Rizal a Cervantes. Ganed Benito Juárez yn Oaxaca, Mecsico, ac ef oedd y brodor cyntaf i ddod yn arlywydd y wlad; hynny yw, yr arlywydd cyntaf nad oedd yn wreiddiol o dras Sbaenaidd. Llywodraethodd rhwng 1861–72 gan gyrraedd statws arwr cenedlaethol am ymladd yn erbyn Maximilian, yr ymerawdwr Awstriaidd, am dair blynedd rhwng 1864–7. Ffilipiniad oedd José Rizal (1861–96) meddyg, llenor ac athrylith. Dychwelodd i'w famwlad wedi cyfnod yn y brifysgol ym Madrid er mwyn diwygio'r modd yr oedd Sbaen yn rheoli yno. Ffyrnigodd ei ddulliau di-drais y llywodraeth, ac fe'i hesgymunwyd i Dapitan ar Ynys Mindanao. Pan gododd mudiad y Katipunan yn erbyn Sbaen, er nad oedd gan Rizal unrhyw ran ynddo, fe'i cyhuddwyd a'i ganfod yn euog a'i saethu'n gyhoeddus yn Manila. Noswyl ei ladd, lluniodd Rizal y gerdd enwog 'Mi último adiós' ('Fy ffarwél olaf'). Dyma lythyr caru at ei famwlad, ac fe'i hystyrir yn un o gampweithiau barddol yr iaith Sbaeneg. Llofruddiaeth Rizal oedd y trobwynt i'r Ffilipiniaid. Annibyniaeth oddi ar Sbaen fyddai'r unig ddewis bellach.

Cervantes yw Miguel de Cervantes, sef awdur *Don Quijote* neu *Y Bonheddwr Medrus, Don Quijote de la Mancha* o gyfieithu'r teitl yn llawn. Dyma'r campwaith a gyhoeddwyd yn wreiddiol mewn dwy ran, ym 1605 a 1615, ac a ystyrir yn aml fel mam y nofel fodern. Ysgrifennodd Unamuno yn helaeth am Don Quijote, gan weld yn y 'Sbaenwr pur' gymeriad sydd, fel yr iaith Sbaeneg yn ei dyb ef, yn perthyn i'r cyfanfyd.[36]

O ran ei ffurf, math ar soned yw cerdd Unamuno, gyda'r llinellau'n ddeuddeg sillaf ac yn odli'n ddiacen drwyddi ar y patrwm a,b,a,b; a,a,a,a; a,c,b; a,c,b. Mae'r patrwm odl a nifer y sillafau'n gyson yn y Gymraeg, er eu bod yn amrywio rywfaint ar y gwreiddiol.

GWAED YR YSBRYD

Gwaed fy ysbryd yw fy iaith, a thir fy nhad
Yw lle bynnag y bo'i hatsain yn y byd
A sofraniaeth ei Gair, er tyfu'i hystad,
Ddeil heb grebachu, hi ein llais ni i gyd.

Seneca a ragfynegodd ddydd ei dod,
Ei geni hi o lymder ei Ladin fain,
Drwyddi rhoes Alfonso i Ewrop ei bod
A dyblodd Colwmbws y byd yn ei sain.

Ac mae hon, fy iaith, yn hwylio ar y dŵr
A chant o bobloedd o bob cwr ar ei bwrdd
Fel bo'r blodau sydd arni'n blaguro'n fyw,

O Juárez i Rizal, mae'n cofleidio'n siŵr
Leng pob llinach; ynddi Cervantes sy'n cwrdd
Ag Efengyl Quijote drwy ras ein Duw.

Nodiadau

1 Miguel de Unamuno, 'La sangre del espíritu', yn Manuel García Blanco (gol.), *Miguel de Unamuno, Obras Completas*, 9 cyfrol (Madrid: Escelicer, 1966–71), VI (1969), t. 375. Noder: cadwyd at acenion y golygiad, e.e. 'dió' yn lle 'dio'.

2 Dylid nodi yma mai traddodiad y Brifysgol sy'n rhoi'r geiriau hyn ar dafod Luis de León, er bod bellach gryn ddadlau ynghylch pwy yn union a ddywedodd beth, cymaint felly nes achosi Storom Twitter yn Chwefror 2019.

3 Gweler uchod.

4 Gorka Aulestia, 'Postura de Unamuno ante el Vascuence', *Hispanófila*, 95 (1989), 21–37, (t. 21).

5 Miguel de Unamuno, 'Critica del problema sobre el origen y prehistoria de la raza vasca', yn *Obras Completas*, IV (1968), tt. 87–119.

6 Miguel de Unamuno, 'Del elemento alienigena en el idioma vaso', yn *Obras Completas*, IV (1968), tt. 120–35.

7 Miguel de Unamuno, 'Discurso en los Juegos Florales celebrados en Bilbao el día 26 de Agosto de 1901', yn *Obras Completas*, IV (1968), tt. 237–55 (t. 243). Gw. hefyd Miguel de Unamuno, 'La cuestión del vascuence', yn *Obras Completas*, I (1966), tt. 1043–62 (t. 1058).

8 Ibid., t. 242.

9 Ibid., t. 243.

10 Miguel de Unamuno, 'El Bizkaitarrismo y el Vascuence', yn *Obras Completas*, IV (1968), tt. 251–5. Mudiad oedd 'El Bizkaitarrismo' er hybu hunaniaeth ac iaith ardaloedd Biscaia ar hyd y Môr Gwasgwyn.

11 Ibid., t. 254.

12 Unamuno, 'La cuestión del vascuence', tt. 1043–62 (t. 1054).

13 Miguel de Unamuno, 'Del elemento alienigena en el idioma vaso', yn *Obras Completas*, IV, t. 135.

14 Siwan Rosser, *Darllen y Dychymyg: Creu ystyron newydd i blant a phlentyndod yn llenyddiaeth y bedwaredd ganrif ar bymtheg* (Caerdydd: Gwasg Prifysgol Cymru, 2020), t. 114.

15 Miguel de Unamuno, 'El megaterio redivio', yn *Obras Completas*, IV (1968), tt. 268–70 (t. 270).

16 Miguel de Unamuno, *Epistolario inédito* I (1894–1914), gol. Laureano Robles (Madrid: Espasa Calpe, 1991), t. 113; gw. Patrocinio Ríos Sánchez, 'Miguel de Unamuno en Rosario de Sonetos Líricos', *Hispanic Poetry Review*, 10/ 2 (2015) https://journals.tdl.org/hpr/index.php/hpr/article/view/1.

17 Ibid.

18 Unamuno, 'Del elemento alienigena en el idioma vaso', t. 135.

19 Ibid.

20 Arferid galw'r ŵyl hon yn 'Día de la Raza' ('diwrnod yr hil'), ac fe'i cynhelid yn holl wledydd yr 'Hispanidad', sef y gwledydd â chysylltiadau â Sbaen. Yn Sbaen bellach, fodd bynnag, caiff yr ŵyl genedlaethol ei galw'n 'Fiesta Nacional', ac yn nifer o'r gwledydd yn America, newidiwyd yr enw hefyd – e.e. yn Costa Rica, fe'i gelwir bellach yn 'Día del Encuentro de las Culturas' ('diwrnod cyfarfod y diwylliannau').

21 Hugh Thomas, *The Spanish Civil War*, 3ydd golygiad (Llundain: Penguin Books, 1986), tt. 501–4.

22 Ibid., t. 502.

23 Ibid.

24 Ibid., t. 503.

25 *www.theguardian.com/world/2018/may/11/famous-spanish-civil-war-speech-may-be-invented-says-historian*.

26 Thomas, *The Spanish Civil War*, t. 503.

27 Álvaro A. Ayo, 'El arca de Don Quijote: la lengua, el mar y la invención de España en dos poemarios de Miguel de Unamuno', *Anales de la literature española contemporánea*, 31/1 (2005), 7–28 (t. 18).

28 Miguel de Unamuno, 'La Fiesta de la Raza', yn *Obras Completas*, IV (1968), t. 646.

29 Miguel de Unamuno, 'Rousseau, Voltaire y Nietzsche', yn *Obras Completas*, III (1966), t. 567.

30 Gw. C. A. Longhurst, *Miguel de Unamuno: An Anthology of his poetry* (Rhydychen: Oxbow Books, 2015), tt. 124, lle gwelwn mai 'ardent' yw ei drosiad o 'caliente'.

31 Eto, 12 Hydref, pen-blwydd 'darganfyddiad' Colwmbws.

32 Miguel de Unamuno, 'De nuevo la raza', yn *Obras Completas*, IV (1968), tt. 648–50 (t. 648).

33 Ioan 1:1, Y Testament Newydd, yn *Y Beibl Cymraeg Newydd* (Swindon: Y Gymdeithas Feiblaidd Frytanaidd a Thramor, 1988), t. 91.

34 San Juan 1:1, yn *La Santa Biblia: Antiguo y Nuevo Testamento* (Asunción: Sociedades Bílicas en América Latina, 1960), t. 974.

35 Gw. e.e. Oliver Baldwin, 'A Spaniard in essence: Seneca and the Spanish Volksgeist', *International Journal of the ClassicalTradition*, 28 (2021), 335–52.

36 Ayo, 'El arca de Don Quijote', 11.

PENNOD 7

Dyfnder, dyfnfor

PORTUGUÊS[1]

Se a língua ganha
a dimensão da escrita
E a escrita toma
a dimensão do mundo

Descer é preciso até ao fundo
na busca das raízes da saliva
que na boca vão misturar tudo

Mas há ainda a pressa do papel
que no tacto navega a brusca seda
Se a sede se disfarça sob a pele
descendo pela escrita essa vereda

E já se inventa
Enlaça
Ou se insinua

Se entrelaça a roca e o bordado
que as palavras tecendo
lado a lado
querem do país a alma nua

Aí podes parar
e retornar à boca
Esse espaço de beijo e de cinzel

Onde a fala retoma a língua toda
trocando a ternura
por fel

Um lado após o outro
a dimensão está dita
O tempo a confundir qualquer abraço
entre o visto e o escrito

Espelho e aço
Nesta fundura boa
e mar profundo

Para depois subir a pulso
O mundo

Maria Teresa Horta (1937–)

977 milltir

(Aberystwyth – Lisbon)

Dyfnder, dyfnfor

Rydym yn gadael Sbaen a'i hieithoedd ac yn teithio i'r gorllewin tuag at Bortiwgal a Phortiwgaleg, ac at un o'r hanner dwsin o'r ieithoedd 'mwyaf' yn y byd. Amcangyfrifir bod rhwng 250 a 300 miliwn yn ei siarad hi, gan gofio wrth gwrs mai hi yw iaith swyddogol nifer o wledydd poblog y tu hwnt i lain orllewinol gorynys Iberia – gwledydd megis Angola a Mozambique yn Affrica, a Brasil yn Ne America.

Yr enwau mawr yn oriel y llenorion yno yw Luís de Camões o'r unfed ganrif ar bymtheg a Fernando Pessoa o'r ugeinfed ganrif. Cofir Camões am ei gerdd hir 'Os Lusíadas'.[2] Ynddi, mewn deg caniad a thros wyth mil ac wyth can llinell, olrheinir taith Vasco de Gama o Lisbon i'r India, a honno'n daith lawn antur, serch, trasiedi ac arwriaeth. Cofir Pessoa wedyn am ei ddyfeisgarwch ac am amrywiaeth helaeth ei gynnyrch. Arbrofodd â genres a ffurfiau oddi mewn iddynt. Arbrofodd hefyd â'r syniad o hunaniaeth. Byddai'n bathu ffugenwau ar gyfer cymeriadau dychmygol ac yna'n eu mabwysiadu fel awduron ar ei waith ei hunan. Rhwng popeth, dywedir ei fod wedi creu tua deuddeg a thrigain persona. Dyna 'Alberto Caeiro', bardd gwlad a chanddo syniadau cyfoethog; 'Ricardo Reis', meddyg a gawsai ei ddylanwadu gan Horace, neu 'Álvaro de Campos', peiriannydd gyda'r llynges a drigai yn Lloegr ac a edmygai Walt Whitman. Un arall nodedig oedd 'Bernardo Soares', sef awdur honedig dyddiadur ffuglennol y *Livro de Desassossego* (*Llyfr yr Anniddigrwydd*), a gyhoeddwyd gyntaf ym 1982, ymron i hanner can mlynedd wedi marwolaeth Pessoa.

Ond rydym am ganolbwyntio ar fardd a aned yn Lisbon ym 1937, ddwy flynedd wedi marw Pessoa, sef Maria Teresa Horta. Dyma ffigwr a ystyrir yn ddiymwâd fel un o'r pwysicaf ym myd llên a diwylliant cyfoes Portiwgal. Hyd yn hyn, mae Horta wedi cyhoeddi dros ugain cyfrol o gerddi ac wedi ennill gwobrau niferus am ei gwaith. Yn eu plith mae dwy o'r mwyaf nodedig ym myd llenyddol Portiwgal, sef y Grande-Oficial da Ordem do Infante D. Henrique (2004) a'r Prémio de Consagração de Carreira da Sociedade Portuguesa de Autores (2014).

Ond nid gwobrau'n unig a ddaeth i'w rhan yn sgil ei barddoni. Yn nyddiau'r gyfundrefn Ffasgaidd, yr *Estado Novo*, a fu mewn grym o 1933 hyd at 1974, fe'i herlyniwyd am ei safiad yn erbyn y llywodraeth. Gwaharddwyd ei chyfrol *Minha Senhora de Mim* (*Fy Madam o'm Mewn*) ym 1967. Gwaharddwyd hefyd y gyfrol unigryw *Novas Cartas Portuguesas* (*Llythyron Newydd o Bortiwgal*) ym 1972. Pam 'newydd'? Oherwydd bod teitl y casgliad yn adlais o waith o'r ail ganrif ar bymtheg a gyhoeddwyd yn wreiddiol yn Ffrangeg, sef *Les Lettres Portugaises* (*Y Llythyron o Bortiwgal*).[3] Casgliad o lythyron angerddol gan leian honedig o'r enw'r Chwaer Mariana Alcoforado oedd y gwreiddiol, a'r llythyron, yn ôl y sôn, wedi eu llunio ganddi ar ôl i'w chariad o farchog Ffrengig ei gadael. Ond nid lleian go iawn, na chwaith un ddychmygol, oedd awdur y llythyron newydd. Cywaith oeddynt yn hytrach, rhwng Maria Horta a dwy Faria arall, Maria Isabel Barreno a Maria Velho da Costa, a'r cywaith yn brotest. Roedd y 'Tair Maria', fel y daeth pawb i'w hadnabod, yn gwrthwynebu'r cyfyngu ar hawliau a oedd yn rhemp o dan reolaeth yr *Estado Novo*, ac aethant ati i dynnu ynghyd gerddi, darnau rhyddiaith a sgyrsiau a oedd yn herio'r drefn, a'u cyhoeddi fel tair ffeminydd a fynnai lais a chwarae teg.

Ystyriai'r wladwriaeth waith 'Y Tair Maria' yn sarhad pornograffig a pheryglus ar foesau'r cyhoedd. Cadwyd y tair llenor am gyfnod yn y ddalfa a dygwyd achos llys yn eu herbyn.

Wrth i'r achos rygnu ymlaen fodd bynnag, daeth diwedd ar ddyddiau'r *Estado Novo* haearnaidd, ac, ym 1974, gollyngwyd y cyhuddiadau yn eu herbyn. Ers hynny, mae'r tair Maria wedi dod yn eiconau ffeministaidd, a'u llyfr dadleuol wedi derbyn canmoliaeth aruchel am ei werth llenyddol yn ogystal â'i safiad gwleidyddol-gymdeithasol.

Hanner can mlynedd yn ddiweddarach, mae Horta yn dal i herio, holi cwestiynau, newyddiadura a barddoni. Ei chyfrol gyntaf oedd *Espelho Inicial* (*Drych Cyntaf*) ym 1960, a'r ddiweddaraf yw *Estranhezas* (*Pethau Hynod*) a gyhoeddwyd yn 2018. Yna, yn 2019, cyhoeddwyd antholeg o'i gwaith am y tro cyntaf mewn cyfieithiad.[4] Os oedd sefyllfa menywod yn y gymdeithas yn thema amlwg yn ei gwaith cynnar, yn fwy diweddar gwelir ganddi nifer o gerddi sy'n ymwneud â chwest am ffyrdd newydd o ddeall gwirionedd a deall iaith hefyd.[5]

A ninnau eisoes wedi sôn am y gair 'saudade' yn ein trafodaeth am farddoniaeth Galisia, mae'n werth nodi bod y gair hefyd yn codi yng ngwaith Horta; ac o ddiddordeb i ni, yn benodol mewn cerdd sy'n trafod iaith – iaith barddoniaeth a bod yn fanwl, sef 'O Voo da Linguagem' ('Ar Adain Iaith').[6] Yn y gerdd hon, dywed Horta mai dyletswydd iaith y bardd yw 'gwasanaethu a gwarchod' yr hiraeth, y 'saudade'. Dywed ymhellach mai gwaith bardd yw mentro a chario ysgub i godi iaith ar adain a fydd, yn ei thro, yn ei chodi at ryddid.

Mewn cerdd o'i hail gasgliad *Amor Habitado* (*Annedd Cariad*), a gyhoeddwyd ym 1963, mae ganddi gerdd i 'Palavras' ('Geiriau'). Datganiad yw dwy linell gyntaf y gerdd, lle mae'n dweud ei bod hi'n 'byw oddi mewn / i eiriau'. Mae adran glo'r gerdd ddiatalnod yn datgelu wedyn ei dirnadaeth o rym geiriau:

Ac os wyf fi'n trin geiriau
fel arfau

ac yn eu mowldio fesul un
yn ymwybodol

gwnaf hynny er mwyn byw ynddyn nhw heddiw
sy'n golygu tybiaf

i mi fethu eu defnyddio mwyach
yn gynllwyngar[7]

Yna, yn 'Poesia' ('Barddoniaeth'), cerdd o gasgliad diweddarach, *Poemas para Leonor* (*Cerddi i Leonor*), gwêl bob gair yn 'drobwll'.[8]

Ond cerdd â'r teitl 'Portiwgaleg' a ddewiswyd i'w throsi'n gyfan yn y bennod hon. Daw o'i chyfrol *Inquietude* (2006). Ystyr 'inquietude' yw 'anniddigrwydd', ac yn hyn o beth mae'n anodd peidio â chlywed adlais o'r llyfr hwnnw gan Pessoa a nodwyd uchod, *y Livro de Desassossego*, lle gwelwyd eisoes bod 'desassossego' hefyd yn golygu 'anniddigrwydd'. Yn y llyfr hwnnw, bydd edmygwyr Pessoa yn cofio iddo ddweud fel hyn: 'Minha pátria é a língua portuguesa' ('Fy mamwlad' [neu'n llythrennol, 'gwlad fy nhadau'], 'yw'r iaith Bortiwgaleg').[9] Yr hyn nad yw pawb yn ei gofio, efallai, yw bod y dyfyniad yn rhan o baragraff sy'n mynd rhagddo i gollfarnu gramadeg llac, orgraff fodern Portiwgaleg, ac arferion fel defnyddio 'i' yn lle 'y' a oedd yn blino'r llenor. Fodd bynnag, rhag i Pessoa gael ei bardduo gennym fel un o frigâd gul y plismyn iaith, rhuthraf i nodi ei fod yn pwysleisio mai'r gramadeg a'r orgraff yw testun ei ddirmyg, nid y sawl sy'n cyflawni'r 'camweddau' hyn. Ac mae gwers fach yn y fan honno yn rhywle i rai o'n plith ni yng Nghymru hefyd, mi dybiwn.

Nid cywirdeb ieithyddol yw byrdwn cerdd Horta. Ynddi gwelwn fod iaith, a'r iaith Bortiwgaleg yn benodol, ar groesffordd lle mae byd cnawdol yr iaith lafar a byd papur-sidan yr iaith ysgrifenedig yn cwrdd. Cynigir dwy ddelwedd am iaith. Tua dechrau'r gerdd fe'i portreadir fel tafod a phoer a bustl. Yna, tua'r diwedd, fe'i gwelwn fel grym a all godi'r byd, a hynny o ddyfnderoedd. Fel mewn cerdd gan fardd arall, Alberto de Lacerda, ar yr union bwnc, sy'n gweld yr iaith Bortiwgaleg fel cleddyf, fel gwyryf, fel menyw nwydus, fel cariadferch dragwyddol,[10] mae'r ddelweddaeth yng ngherdd Horta yn erotig a synhwyrus, a'r iaith, sy'n mynd o'r llafar i'r ysgrifenedig, yn cysylltu'r corff â'r meddwl, y diriaethol â'r haniaethol.

O ran y cyfieithu, bu'n demtasiwn cynnig 'brys' am 'pressa', gan fod y sain yn debyg a chan fod y gwreiddiol yn gallu golygu 'brys'. Ond mae'r gwreiddiol hefyd yn dal i atsain 'pressão' sy'n golygu 'gwasgedd', sy'n gwneud y gair yn debyg, o ran ei haenau ystyr, i'r Saesneg 'press'. Ffafriwyd 'gwasgu' felly, yn y diwedd, gan fod rhywbeth sy'n gwasgu hefyd yn gallu peri brys, a chan fod syniad y 'wasg' fel cyhoeddwyr geiriau ysgrifenedig yn cael ei glywed ynddo. Cadwyd at y drefn wreiddiol, lle yr hepgorir pob atalnod, ond lle y defnyddir priflythyren ar ddechrau ambell gymal. Mae hyn yn creu amwysedd a chystrawennau sy'n ymddangos yn anorffenedig. Serch hyn, gobeithio bod y cyfanwaith yn dal teimlad y syniad o ymdrech sydd yn y gerdd wreiddiol, ymdrech y cloddio i'r dyfnderoedd am fynegiant digonol, ac ymdrech ei godi yn ôl i'r wyneb.

Os yw iaith yn ennill
dimensiwn ysgrifen
Ac ysgrifen yn cymryd arni
ddimensiwn y byd

Mae'n rhaid disgyn i'r dyfnder
ar drywydd gwreiddyn y poer
a fynn gymysgu popeth yn y geg

Eto mae'r papur yn gwasgu
cyffyrddiad sy'n llywio'r sidan sydyn
Os yw'r sychder sy' 'nghudd dan gochl croen
yn llifo drwy drywydd yr ysgrifen

Ac eisoes yn ymddyfeisio
yn dolennu
yn ensynio

Yn ymwâu'r gwerthyd a'r brodwaith
sydd wrth i'r geiriau gydblethu
ochr yn ochr
yn ysu am enaid noeth y wlad

Yma cei sefyll yn stond
a dychwelyd i'r geg
Man y gusan a'r aing

A'r man lle mae lleferydd yn hawlio pob iaith
yn cyfnewid tynerwch
am fustl

Un llinell ar ôl y llall
ynganwyd y dimensiynau
Mae'n amser drysu pob coflaid
rhwng yr hyn a welir a'r hyn a ysgrifennir

Drych a dur
O'r dyfnder hardd hwn
ac o'r dyfnfor

Er mwyn codi rywdro wedyn
ag un ymdrech fawr
y byd

Nodiadau

1   Maria Teresa Horta, 'Português', yn *Inquietude* (Braga: Vila Nova de Famalicão, 2006), t. 138.

2   Llwyth Ibero-Celtaidd oedd y Lwsitaniaid a'u henw'n dod o 'Lwsitania', sef yr enw Rhufeinig ar orynys Iberia.

3   Cyhoeddwyd y llythyron yn wreiddiol yn ddienw (Paris: Claude Barbin, 1669), ac er bod elfen o amheuaeth hyd heddiw ynghylch eu hawduraeth, credir mai Gabriel Joseph de Lavergne, is-iarll Gulleragues, oedd yr awdur gwreiddiol (ac nid y cyfieithydd fel yr honnwyd am flynyddoedd).

4   Maria Teresa Horta, *Point of Honour: Selected Poems of Maria Teresa Horta*, cyf. Lesley Saunders (Reading: Two Rivers Press, 2019).

5   Am drosolwg o'i gyrfa, gw. *Point of Honour*, tt. 1–4.

6   Maria Teresa Horta, 'O Voo da Linguagem', yn *Point of Honour*, t. 214.

7   Maria Teresa Horta, 'Palavras', yn *Point of Honour*, t. 42.

8   Maria Teresa Horta, 'Poesia', yn *Point of Honour*, t. 194.

9   Fernando Pessoa/Bernardo Soares, *Livro do Desassossego* t. 214, adran 259.

10 'A Língua Portuguesa', yn Alberto de Lacerda, *Oferenda 1* (Lisboa: Imprensa Nacional – Casa da Moeda, 1984), tt. 316–17.

Ein mam, ein tad

HAWRAARTA AFKEENNA[1]

Hadalkii aan ujeeddiyo
Himilo toosan lahayn iyo
Hadaaqu waa ku dilaaye

Hawraari waa murtideenna
Haddana waa gabaygeenna
Ama heesta ciyaarta
Ama hawsha middeeda.

Heello iyo buraambur
Hooriskeediyo jiibka
Higgaaddeediyo luuqda
Haasaawihiyo ammaanta
Hanjabaaddiyo faanka
Halxidhaaliyo sheeko.

Waa hagaag iyo toosin

Waa afkii hiddeheenna

Amase hooyiyo aabbe

Hantidii ummaddeenna

Habistii ubadkeenna.

Waa hoggaan dhaqameedka

Marna aan la hureyninoo

Lagu soo hiranaayo.

Jaamac Kediye Cilmi (1950–)

4183 milltir

(Aberystwyth – Laascaanood)

Ein mam, ein tad

I gangen Cushitic y teulu Affro-Asiaidd y perthyn yr iaith
Somaleg, ac amcangyfrifir bod oddeutu 20 miliwn yn ei siarad.
Mae'n iaith swyddogol yn Somalia, Somaliland ac Ethiopia,
ac fe'i siaredir hefyd yn Djibouti, rhannau o Kenya ac Eritrea.
Mae llai na hanner canrif er iddi fabwysiadu orgraff swyddogol
(1972–3), a honno'n seiliedig ar yr wyddor Ladin. Nid oes syndod
felly fod y traddodiad llafar yn un cyfoethog eithriadol, a phobl
yn ymfalchïo o fod yn gallu dal chwedl a llinach ar gof a chadw.
Ceidwaid pennaf y cof hwn oedd ac yw'r beirdd, ac mae'n ddifyr
nodi bod Somalia, fel Cymru, yn hawlio ei bod hi'n 'wlad beirdd'.
Mae W. N. Herbert a Said Jama Hussein yn agor eu cyflwyniad i
antholeg o gerddi Somaleg cyfoes gyda'r datganiad, '[t]he role
and place of poetry in the life of the Somali is of paramount
importance'.[2] Ac yn ôl B. W. Andrzejewski, un a ysgrifennodd yn
helaeth am farddoniaeth Somaleg, 'the status of a poet in Somali
society would inspire their counterparts in modern Europe and
America with envy'.[3] (Efallai nad oedd wedi clywed am bethau
fel Archdderwyddon!)

Tynnodd Peredur Lynch sylw eisoes at orgyffwrdd rhwng
y traddodiad barddol yng Nghymru ac ar gyfandir Affrica, gan
nodi'n benodol yr arfer o ganu mawl;[4] ond ysgolhaig arall o dras
Cymreig, yr anthropolegydd Ioan Myrddin Lewis, a edrychodd
yn fanwl ar draddodiadau'r Somali yn Horn Affrica.[5] Fodd
bynnag, er mor ddadlennol yw ei sylwadau, ac er iddo gyfeirio
at farddoniaeth,[6] nid dyma oedd ei brif ddiddordeb, ac wrth

baratoi'r bennod hon, mae hi wedi dod yn amlwg bod lle am astudiaeth ofalus yn cymharu traddodiad barddol y Somali â'r Cymry, a hynny o ran pob math o agweddau, gan gynnwys mesurau'r ddau draddodiad a'r modd y priodolir gwahanol fesurau at wahanol ddibenion cymdeithasol. Mae ugain mlynedd a rhagor er i Nigel Fabb agor y drws ar bosibiliadau cyfoethog cymhariaeth debyg mewn gwaith sy'n tynnu ynghyd draddodiadau barddol mor amrywiol â rhai Mongolia, Iwerddon, Hen Saesneg, Llydaw, Gwlad yr Iâ, Cymru a Somalia. Yn fwy diweddar, mentrodd Emyr Davies wthio'r drws ychydig ymhellach yn *Y Gynghanedd Heddiw*,[7] ond fel yr awgrymodd yntau, mae'r gwaith ymchwil go iawn yn disgwyl ditectif.[8] Testun erthygl ar wahân fyddai ceisio ymateb i hyn, ond er mwyn gwerthfawrogi'n llawn y gerdd a gyfieithir isod, gwell aros ennyd i sôn am ambell nodwedd a rhannu'r hyn a ddysgais wrth baratoi'r bennod hon.

Yn ôl a ddeallaf, yn gyffredinol gellir dweud bod dau brif fath ar farddoniaeth Somaleg, sef y *maanso* a'r *hees*, ac mae angen parchu patrymau cyflythrennu cymhleth ynghyd â mydr llinell wrth gyfansoddi ar y ddau fesur.[9] Yn fras gellir dweud bod beirdd y *maanso* yn hysbys a bod cerddi'r *maanso* wedi eu cyfansoddi cyn eu perfformio; mae beirdd yr *hees*, ar y llaw arall, yn aml yn anhysbys, a gellir addasu cerddi'r *hees* wrth eu perfformio. Os gellir cyfieithu *maanso* â'r gair 'cerdd' a *hees* â'r gair 'cân', mae'n werth nodi bod yr elfen fiwsig sydd ymhlyg yn y geiriau 'cerdd' a 'chân' fel ei gilydd, hefyd yn nodweddion ar y ddwy ffurf Somaleg. Ystyrir y *maanso* yn farddoniaeth 'glasurol' ac felly'r math mwyaf addas ar gyfer ymdrin â materion difrifol a phwysig. Ffurfiau ar y *maanso* yw'r *geeraar*, y *jiifto*, y *masafo* a'r *gabay*. Cerdd a ddeilliodd o ddiwylliant marchogion ceffylau oedd y *geeraar* yn wreiddiol, ac fe'i hystyrid yn addas i bynciau brys.[10] Y *gabay* efallai yw'r ffurf a ffefrir fwyaf ar gyfer trosglwyddo neges neu ddadl yn gyhoeddus. Ceir hefyd y *buraambur* sy'n fwy penodol ar gyfer beirdd benywaidd.[11] Ymhlith ffurfiau'r *hees*, y rhai mwy diweddar yw'r *belwo* a'r *heello*.[12] Ceir ffurfiau eraill, llai 'clasurol' efallai, fel y *saar* a'r *shirib*, a hefyd y 'caneuon gwaith' fel y *badar-tumid* (a genir gan amlaf gan fenywod wrth eu gwaith) a'r *hees-rakaadeed* (a genir gan borthmyn camelod).[13] O ran ffurfiau eraill eto, fel y *wiglo*, y *dhannto* a'r *hirwo*, mae John William Johnson yn ei lyfr ar farddoniaeth gyfoes y Somali yn eu galw'n 'miniature poetry', gan esbonio nad yw'r rhain yn rhannu'r un statws aruchel â'r ffurfiau clasurol.[14] Ac o safbwynt y traddodiad yng Nghymru, mae'n ddiddorol darllen, eto gan Johnson, sut y mae'r beirdd Somaleg yn mwynhau herio ei gilydd i ymryson barddol lle mae un *hirwo* yn cael ei ateb gan *hirwo* arall a hynny ar yr un patrwm cyflythrennu,[15] ac mae'r esiamplau yng nghasgliad difyr Andrzejewski, *Somali Poetry*, yn dangos enghreifftiau o ganu mawl a chanu diolch.[16]

Ar wahân i'r parch at 'werth' llafariad a hyd sillaf, gyda gwahaniaethau sy'n atgoffa rhywun o'r 'trwm ac ysgafn' yn y canu caeth yng Nghymru,[17] mae hefyd alw am gyfateb cytseiniaid a pharchu hyd y llinellau, lle gwelir rhwng 6 ac 8 sillaf fel arfer ar gyfer y *geeraar*, a rhwng 11 ac 16 ar gyfer y *masafo*, sy'n atgoffa rhywun y tro yma o fesurau'r cywydd a'r hir-a-thoddaid. At hyn, mae hollti'r llinell yn grefft gywrain, gyda dau enw gwahanol i'r ddwy ran. Yr *hojis* yw'r rhan gyntaf a'r *hooris* yr ail, ac nid yw'r dosbarthiad hwn ymhell o 'baladr' ac 'esgyll' yr englyn. Cofiwn yn nwy linell gyntaf englyn – y paladr – fod rhaid i'r bardd anelu'r geiriau'n ofalus, fel tynnu saeth yn ôl mewn bwa, yna, yn y ddwy linell olaf – yr esgyll – rhaid sicrhau bod gan y geiriau ddigon o nerth dan eu hadain i hedfan a chyrraedd y nod. Yr un math o syniad sydd gan y Somaliaid. Berfenw yw *hojis* sy'n golygu 'sefyll yn stond'. Berfenw yw *hooris* hefyd, a'i ystyr yw 'casglu mewn dysgl yr hyn a arllwyswyd'.

Ac fel yr oedd angen Dafydd ab Edmwnd arnom ni, cafodd Somalia fardd a aeth ati i gasglu rheolau – a goddefiadau – ei thraddodiad barddol cywrain hithau. Maxamed Xaashi Dhamac (1949–2012) oedd y cymwynaswr hwn. Fel 'Gaarriye' y caiff ei adnabod, a dyma un o feirdd mwyaf nodedig Somalia, ac un a ddefnyddiodd yr hen, hen ffurfiau i drafod y byd modern. Cyfrwng trin gwleidyddiaeth yw barddoniaeth yn bennaf yn ei dyb ef, ac o arfau niwclear i Nelson Mandela, mynegodd ei farn gan ddefnyddio mesurau'r hen grefft

Mewn cyfweliad a gyhoeddwyd yn y *Wolf Magazine*[18] yn ystod ymweliad Gaarriye â Lloegr yn rhan o daith byd y 'Poetry Translation Centre', cawn gip ar rôl y bardd yn Somalia gyfoes, ac mae rhai o'i atebion yn ddadlennol. Dywed y byddai'n hawdd i rywun o Somalia adnabod bardd 'ffug'. Mae profiad a chlust y bobl yn eu galluogi i synhwyro a yw cerdd yn parchu'r ffurfiau ai peidio, ac a yw hi'n ddiffuant ei neges. (Onid dyma natur profiad cynulleidfa'r Talwrn a'r Ymryson, pan ddaw'r 'O!' dorfol, werthfawrogol os yw englyn yn taro deuddeg, a hynny ymhell cyn i unrhyw Feuryn dafoli'r ymateb swyddogol?) Ac mae'n werth cyflwyno yn ei gyfanrwydd ateb Gaarriye i'r cwestiwn am ei argraff o farddoniaeth Saesneg:

> I discovered soon after I arrived here that, if you think of English poetry and Somali, there are massive differences in what seems to be expected from the poets. These are differences of responsibility. In Somalia the people have a high level of expectation from me as a poet and I as a poet have a responsibility to them. In England it seems that very little is expected from the poet. The English poet doesn't seem to be writing for the people, but instead, he is writing for himself. This could be why not many people seem to be interested in English poetry anymore.
>
> This is just my impression of course, but in Somalia, for example, I wouldn't be able to get away with writing a poem about a bottle or a flower. If I were to stand up and read a poem to thousands on this kind of subject in Somalia no-one would understand why I was talking about this in my poetry. Nobody would care.[19]

Yna, mewn ateb cryno i'r cwestiwn 'beth sy'n gwneud cerdd yn gofiadwy?', meddai, '[t]he position that the poet takes and the texture of his poem'.[20] Ac mae cymryd safbwynt a mynegi'r safbwynt hwnnw mewn gwead gofalus wedi bod yn rhan amlwg o waith Gaarriye a beirdd Somaleg cyfoes yn gyffredinol. Dyna'r bardd Hadraawi a aeth ar Daith Heddwch drwy diroedd cyflafan Somalia yn 2004, gan ddenu tyrfaoedd o gannoedd o bobl er mwyn cydymdeimlo â'r rhai a oedd yn dioddef o achos y rhyfel. A dyna'r *Deelley,* sef y gerdd-gadwyn ar ffurf y *jiifto* (yn dilyn patrwm cyflythrennu cadarn) a gyfrannodd Gaarriye ati ac a luniwyd gan dros hanner cant o feirdd eraill ar ddiwedd y 1970au fel gwrthsafiad diwylliannol yn erbyn cyfundrefn unbenaethol Siad Barre (1969–91). Mae'n gerdd eithriadol, sy'n esiampl fyw o gred y Somali mewn barddoniaeth fel grym a all adfer cymdeithas.

Wrth feddwl am ddelweddu iaith, rhaid nodi un gerdd adnabyddus gan Gaarriye a luniodd i ddathlu mabwysiadu'r wyddor: 'Ta'iyo Wow' ('O A i Y').[21] Mewn molawd byrlymus mae'n diolch bod y Somaleg bellach ar gael mewn ysgrifen. Ffurfir y gerdd fel cyfarchiad i unigolyn o'r enw Caalin. Mae'n enw arwyddocaol, oherwydd ystyr 'caalin' yw 'doethineb'. Wedi delweddu iaith fel 'cerbyd' – 'Caalin, gwranda, rwy'n mynd i deithio / o A i Y yng ngherbyd iaith' – aiff yn ei flaen i gynnig darlun pantheïstaidd lle mae popeth byw yn cyfranogi o'r iaith:

> Daw'r morgrug
> Yn areithwyr. A bydd y camelod sy'n cario clecs
> Wrth y ffynnon ddŵr, yn ysu am si rhyw stori
> (...)
> Mae'r chwilod yn chwedleua
> gyda chric a chyffyrddiad; a'r cymylau'n cyfansoddi
> cywyddau.

Yna, tua chanol y gerdd, mae'r bardd yn pwysleisio gwerth cofnodi iaith mewn ysgrifen gan agor drwy ddelweddu iaith fel cyfrwng bywyd dynol:

> Ysgrifennaf y geiriau hyn a'u hanfon atat
> Er mwyn rhoi gwybod ein bod ni'n byw drwy iaith.
> Hebddi – hylltra, hacrwch, salwch,

Hebddi – nid oes angor i ddiwylliant; hebddi
Nid oes llunio mapiau nac enwi cenhedloedd.

Gall rhywun ymffrostio am ei eiddo, ei arian
Ei statws, ond heb fod yn gallu ysgrifennu,
Tlotyn yw. Caalin, gwranda, dy ysgrifbin
Yw dy gyfoeth, rwyt ti'n llai na dim heb hwnnw.

Mae'r wyddor yn cael ei chlodfori am ei bod hi'n mynd i warchod
yr iaith rhag cael ei cholli, a darlunnir yn ingol beth fyddai effaith
y colli hwnnw: 'Mae pob sillaf goll yn glwyf ar fy nghalon. /
Mae pob llinell goll yn graith ar fy nghalon'.[22] Mae cwpled clo'r
gerdd yn cyfeirio at y traddodiad canu mawl gan gynnig y dylid
anrhydeddu'r rhai a aeth ati i drefnu orgraff yr iaith drwy ganu
iddynt gerddi sy'n defnyddio holl lythrennau'r wyddor.

Ond cerdd gan Jaamac Kediye Cilmi sy'n agor ac yn cloi'r
bennod hon, sef 'Hawraarta Afkeenna' ('Llafar ein Hiaith').[23] Ganed
Cilmi yn Laascaanood, Somaliland. Mae'n fardd adnabyddus, uchel
ei barch, ac, fel Gaarryie, mae ei waith yn ymdrin ag ystod o
faterion cymdeithasol a gwleidyddol.[24] Ystyrir Cilmi yn un o brif
ladmeryddion y ffurf *saar*, serch hynny, tybir mai ffurf ar *geeraar*
yw'r gerdd sy'n dwyn ein sylw. O ran dadansoddi ffurf y *geeraar*,
mae Andrzejewski yn nodi y cyfyd rhai heriau am nad yw'r rheolau
eto'n ystyried y goddefiadau: 'the rules so far evolved do not
account for deviations from the pattern of the majority of the lines
and it seems that there may be a set of sub-rules which still awaits
discovery.'[25] Ac unwaith eto, bydd y sawl sydd wedi ceisio
ymgodymu â'r gynghanedd yn hen gyfarwydd â heriau 'deviations'
neu oddefiadau tebyg wrth lunio cerddi. Mae mater y rheolau
'nas darganfuwyd eto' yn ymddangos yn arbennig o ddiddorol
yng nghyswllt 'Hawraarta Afkeenna', lle mae arbenigwyr wedi
cael trafferth ei gosod hi mewn un categori penodol o fesur.[26]

Gan adael cymhlethdodau'r mesur am y tro, o ran y cynnwys,
nid oes dwywaith mai gwerthfawrogi iaith yw byrdwn y gerdd
drwyddi draw, gan bwysleisio bod angen ei thrin â pharch.
Cawn ein hatgoffa o'r modd y mae iaith yn ymdreiddio i bob

agwedd ar fywyd wrth iddi gael ei darlunio fel cyfeiliant i waith, fel ysgogiad i ddawns ac fel doethineb etifeddiaeth. Ond y syniad o iaith fel cyswllt drwy amser a thrwy'r cenedlaethau yw'r brif ddelwedd. Fe'i darlunnir ar y naill law fel dolen i'r gorffennol ac ar y llall fel tywysydd i'r dyfodol.

O ran y cyfieithu, mae fy nyled yn fawr i Dr Martin Orwin, arbenigwr ar farddoniaeth Somali a darlithydd ym Mhrifysgol Napoli, L'Orientale, am sgyrsiau niferus a chyngor doeth. Ac er i mi golli tipyn o'r cyflythrennu gwreiddiol ac ambell ergyd (fel y cyfeiriad yn y pennill olaf at 'awenau' sy'n benodol yn ymwneud ag awenau arweinydd y camelod), cynigiaf y fersiwn isod, fel yn achos cymaint o gyfieithiadau'r gyfrol hon, mewn gobaith ei bod o leiaf yn codi awydd yn y darllenydd i ddysgu rhagor am y diwylliant a'i cynhyrchodd ac i ystyried 'iaith' mewn goleuni gwahanol eto.

LLAFAR EIN HIAITH

Y dwedyd digyfeiriad
a'r ynganiad diddyhead
a phob llafar aflafar,
hyn yw marwolaeth ein hiaith.

Hi, iaith cin llafar, yw doethineb ein hetifeddiaeth,
Hi ein hawdl goeth,
Hi dôn ein dawns,
Hi gân esmwytho gwaith.

Hi yw'r *heello* a'r *buraambur*,
Hi ein paladr ac esgyll,
Hi ein cynghanedd a'n miwsig,
Hi ein sgwrsio a'n haddoli,
Hi ein pos a'n chwedl.

Hi'r iaith union sy'n ein hunioni,
Hi ein hetifeddiaeth,
Hi ein mam a'n tad,
Hi gyfoeth ein pobl,
Hi waddol ein plant,

Hi'r arweinydd, hi'r awenau,
Hi'r hanfod anhepgor,
Hi'r ffordd a'r cyfeiriad at bob dyhead.

Nodiadau

1 Testun wedi ei drawsgrifio yn arbennig ar gyfer y gyfrol hon gan Martin Orwin yn seiliedig ar y ffeiliau sain sydd ar wefan y Poetry Translation Centre: *www.poetrytranslation.org/poems/the-speech-of-our-language#audioBox.*

2 W. N. Herbert a Said Jama Hussein (goln), *So at one with you: An Anthology of Modern Poetry in Somali/ Bulshoy Ma Is Baran Lahayn: Ururin Maansooyin Soomaali Ah Oo Waayahan Tisqaaday* (Pisa: Ponte Invisible, 2018), t. 5.

3 John William Johnson, *Heelloy: Modern Poetry and Songs of the Somali* (Llundain: HAAN Publishing, 1996), t. ix.

4 Gw. Peredur I. Lynch, 'Dic yr Hendre, Y Bardd Llawryfog a Saunders', *Ysgrifau Beirniadol*, XXXI (2013), 118–57 (yn benodol, t. 132 a tt. 139–40).

5 Gw., er enghraifft, I. M. Lewis, *A Pastoral Democracy: A Study of Pastoralism and Politics Among the Nothern Somali of the Horn of Africa*, 3ydd golygiad (Rhydychen: James Currey with the International African Institute, 1999).

6 Ibid., t. 130, t. 246 a t. 275.

7 Emyr Davies, 'Y Gynghanedd ac Ieithyddiaeth', yn Aneirin Karadog ac Eurig Salisbury (goln), *Y Gynghanedd Heddiw* (Talybont: Cyhoeddiadau Barddas, 2020), tt. 126–34.

8 Gw. Nigel Fabb, 'Verse constituency and the locality of alliteration', *Lingua*, 108 (1999), 223–45.

9 Martin Orwin, 'On the Concept of "Definitive Text" in Somali Poetry', *Oral Tradition*, 20/2 (2005), 278–99 (279).

10 Bronislaw Andrzejewski, 'Alliteration and Scansion in Somali Oral Poetry and their Cultural Correlates', *Journal of the Anthropological Society of Oxford*, 13/1 (1982), 68–83 (t. 72).

11 Orwin, 'On the Concept of "Definitive Text" in Somali Poetry', 281.

12 John William Johnson, 'The Family of Miniature Genres in Somali Oral Poetry', *Folklore Forum*, 5/3 (1972), 79–99.

13 Giorgio Banti a Franceso Giannattasio, 'Music and Metre in Somali Poetry', yn *Voice and Power: The Culture of Language in North-East Africa. Essays in Honour of B. W. Andrzejewski* (Llundain: School of Oriental and African Studies, University of London, 1996), tt. 83–127 (t. 88).

14 Johnson, *Heelloy*, t. 29.

15 Ibid.

16 B. W. Andrzejewski a Sheila Andrzejewski (goln), *An Anthology of Somalia Poetry* (UDA: Indiana University Press, 1993).

17 Gw. Martin Orwin, 'A Literary Stylistic Analysis of a Poem by the Somali Poet Axmed Ismaaciil Diiriye "Qaasim"', *Bulletin of the School of Oriental and African Studies*, 63/2 (2000), 194–214 (t. 195).

18 *www.poetrytranslation.org/articles/an-interview-with-gaarriye-published-in-the-wolf.*

19 Ibid.

20 Ibid.

21 *www.poetrytranslation.org/poems/a-to-z/original.*

22 Ibid.

23 Ceir fersiwn ddwyieithog (Somali a Saesneg) yn Herbert a Hussein (goln), *So at one with you*, tt. 68–9. Fodd bynnag, noder mai fersiwn ychydig yn wahanol yw'r un a ddyfynnir yma (gw. nodyn 1).

24 Gellir clywed Cilmi yn darllen ei gerdd 'Siyaasad' ('Gwleidyddiaeth') yma: *www.poetrytranslation.org/podcasts/featuring/jaamac-kadiye-cilmi.* Sylwer bod y wefan yn sillafu'r enw gydag 'a' Kadiye, ond deallaf mai 'Kediye' yw'r sillafiad cywir.

25 Andrzejewski, 'Alliteration and Scansion in Somali Oral Poetry', t. 72.

26 Mewn gohebiaeth a chyfweliadau rhyngof a Martin Orwin.

Dychwelyd o faes y gad

मातृभाषा [1]

जैसे चींटियाँ लौटती हैं
बिलों में
कठफोड़वा लौटता है
काठ के पास
वायुयान लौटते हैं एक के बाद एक
लाल आसमान में डैने पसारे हुए
हवाई-अड्डे की ओर

ओ मेरी भाषा
मैं लौटता हूँ तुम में
जब चुप रहते-रहते
अकड़ जाती है मेरी जीभ
दुखने लगती है
मेरी आत्मा

Kedarnath Singh (1934–2018)

4323 milltir

(Aberystwyth – Delhi Newydd)

Dychwelyd o faes y gad

Sut yn y byd y mae cynrychioli gwlad mor enfawr ag India mewn cyfrol fechan fel hon? Yn ôl rhai ffynonellau, siaredir yno bron i 121 o 'ieithoedd' gwahanol a thros 19,500 o dafodieithoedd. Mae wythfed atodiad cyfansoddiad India yn cydnabod dwy iaith ar hugain, ac er nad yw'n cydnabod unrhyw un iaith fel iaith genedlaethol, nodir dwy iaith fel rhai swyddogol, sef Hindi a Saesneg. Dros y pymtheng mlynedd diwethaf, mae Cymru, yn arbennig drwy weithgareddau Llenyddiaeth ar Draws Ffiniau a'r Gyfnewidfa Lên, wedi meithrin perthynas agos â rhai o feirdd a beirdd-gyfieithwyr India, ac wrth geisio dethol cerddi ar gyfer y bennod hon, roedd hi'n braf iawn gallu troi at ddwy y deuthum i'w hadnabod drwy'r cysylltiadau hyn: Sampurna Chattarji (1970–) a Mohini Gupta (1991–). Mae fy nyled i'n fawr iddynt. Bengaleg a Saesneg yw prif ieithoedd Sampurna; Hindi a Saesneg yw ieithoedd Mohini, ac yn ogystal â'r ieithoedd hynny, mae Mohini'n medru'r Gymraeg.

At Bengaleg, Hindi a Saesneg y trown yn y bennod hon felly. Byddwn yn clywed detholiad o ddwy gerdd gan Sampurna. Drwy ei gwaith fel cyfieithydd wedyn, cawn flas ar un o gerddi Joy Goswani (1954–), bardd Bengaleg cyfoes a dylanwadol. Yna, wrth newid i Hindi, cawn ystyried ambell ddelwedd o waith Raghuvir Sahay (1929–90), a elwid yn 'geidwad cydwybod' yr India,[2] cyn troi at gerdd gan Kedarnath Singh a gyfieithwyd i'r Gymraeg gan Mohini. Drwy'r esiamplau a ddewiswyd, gwelwn iaith yn cael ei phortreadu mewn dwy brif ddelwedd; ar y naill law fe'i cawn fel rhan o gyfarpar maes y gad, ac ar y llall fel cartref neu gynefin.

Dechreuwn gyda Joy Goswami. Oddi ar y 1970au, mae'r bardd hwn o Kolkata wedi dod i amlygrwydd cenedlaethol, gyda rhai'n ei weld fel olynydd teilwng i'r athrylith Rabindranath Tagore a gyfrannodd gymaint i'r diwylliant Bengali fel llenor, artist, cerddor a diwygiwr cymdeithas. Yn sicr, mae Goswami'n gynhyrchiol eithriadol ac yn barod i fentro o ran ffurf a thechneg. Un nodwedd ar y mentergarwch hwn yw'r modd y mae'n cyfosod delweddau blith draphlith. Yn ei ragair i gyfrol o gyfieithiadau o'i waith, dywed Sampurna: 'the desire is to take language away from its everyday meaning Into a realm where each word is a signal that hints at something both alien and shockingly intimate'.[3] Yn y deyrnas ddirgel hon, mae Goswami'n ceisio cuddio'r gwir, oherwydd ei fod yn credu mai drwy ei guddio'n unig y gellir ei warchod.[4] Effaith hyn yw anesmwytho'r darllenydd a'r gwrandäwr, a gwelwn y nodwedd hon ar waith yn y gerdd isod o'i gasgliad *Moutat Moheswar*.[5] Agorir y gyfrol â dyfyniad sy'n datgan: 'mae'r sawl sy'n ddim byd ond ffenest yn dda'.[6] Yna, mae pob cerdd yn ddarlun o olygfa drwy ffenest. Yr hyn a welir drwy'r ffenest yng ngherdd rhif 7 yw rhywun sy'n dechrau ar daith. Portreadir iaith fel man cychwyn lle y gall y bardd, 'fel aderyn', ddechrau ar ei daith. Drwy gyfosod y cyfeiriad at iaith ac at gartref yn agos, tynnir llinyn cyswllt rhwng y ddau. Mae iaith a chartref fel ei gilydd yn cynnig noddfa ddiogel i'r bardd, ac mae'r cysur hwn yn gwrthgyferbynnu'n oer ag amgylchiadau'r llofrudd a ddienyddir draw ar res angau. Yr awgrym yw mai peirianwaith gormesol y casglu trethi yw'r llofrudd, a bod dydd ei ddifa gerllaw.

> Yn dirion cychwynnaf o gartref
> Fel aderyn cychwynnaf o iaith
> Ar res angau, bydd y llofrudd,
>   sydd eto'n llosgi'n fud, yn llithro
> i'r llawr
> Ar y tir pell fe'i gwelaf yn datgymalu
> Pencawr dy beirianwaith casglu trethi.[7]

Gan adael Sampurna'r bardd-gyfieithydd a throi ati fel bardd, gwelwn sawl delwedd o iaith yn un o'i cherddi yn y gyfrol *Elsewhere Where Else / Lle Arall Ble Arall*.[8] Casgliad ar y cyd ag Eurig Salisbury yw hwn, ac wrth gloi'r adran 'Aberystwyth' gwelir y ddau fardd mewn ymryson â'i gilydd (neu 'kobir lorai' mewn Bengaleg – 'kobir' yw 'bardd, a 'lorai' yw 'dadl').[9] Mae Sampurna yn rhyfeddu at y modd y gall Eurig berswadio llond ysgol o blant mai'r un iaith yn y bôn yw ei Gymraeg yntau â'u Marathi hwythau, 'both dragon-hearted and strong'. Ond yn y trydydd caniad, aiff Sampurna i'r afael â'r syniad o 'fenthyg' ieithoedd, gan chwarae ar y ffaith bod y ddau fardd yn gorfod troi at y Saesneg er mwyn cyfathrebu â'i gilydd. Fel yn achos Gwyneth Lewis, mae Sampurna yn trafod y Saesneg fel temtasiwn nad oedd modd iddi hi, yn ei hieuenctid, ei gwrthod. Y tro hwn, nid blas y cemegau chwerw ar gefn y llwnc sy'n denu, ond yn hytrach, darllen 'Jabberwocky' Lewis Carroll: 'How can I not fall hook line and sinker / Into the gambolling joys of the English / Carroll gave me'.[10] Aiff yn ei blaen i gyfaddef ei bod wedi ymserchu yn Saesneg Coleridge, a hynny oherwydd y recordiadau grymus o Richard Burton yn eu darllen, 'But only because it was a Welshman's voice / That brought him home to me'.[11] Daw hyn â'r bardd at lais Cymreig nodedig arall, llais Dylan Thomas, ac wedi'r cyfeiriad at *Under Milk Wood*, down at y ddelwedd ganolog o iaith fel arfogaeth:

> Your nation's best-known poet
> Yet, who wrote in English and paid
> The price. While I? Almost all my battles
> Were won by other warriors
>
> By the time I took up arms.
> Yes, this weaponry – mine, not borrowed,
> This language used (still) to alienate
> But never more mine than now.[12]

Cyfeiriad sydd yma at y tyndra 'bradwr/gwaredwr' sy'n codi yn sgil defnyddio iaith y gwladychwr fel iaith creu. Bu'n asgwrn cynnen cas ar hyd y degawdau yn India, yn enwedig er 1947 pan adenillodd India ei hannibyniaeth. Mae Sampurna'n cydnabod mai'r rhai a aeth o'i blaen hi a fu'n ymladd yn erbyn yr agweddau hyn, ac yn ei barn hi, nid oes heddiw yr un atgasedd tuag at feirdd o India sydd, fel hithau, yn dewis ysgrifennu yn Saesneg, iaith y dieithrio.[13] Gwêl siarad yr iaith newydd fel gweithred o 'ymarfogi'. O'i siarad hi, caiff y siaradwraig feddiannu arfau'r iaith estron. Ac er bod yr iaith newydd hon yn parhau i ddieithrio, mae'r bardd yn ei pherchnogi a hynny'n llwyr.

Yn y pennill nesaf, gyda'r cyfeiriad at Kali (duwies chwedlonol trais a thranc, ond weithiau hefyd duwies cariad mam) gwelir ymestyn delwedd yr arfogi, ac rydym yn ôl gyda Goethe a'i debyg a'r syniad o iaith fel cleddyf.

> It must be Kali (being worshipped
> All around me as I write) offering
> Militant metaphors, sharpening
> The sword-tip of my tongue.[14]

Mae'r tri phennill nesaf yn troi o'r iaith Saesneg at y mamieithoedd ac yn datgelu taith y bardd, o gefnu ar y famiaith at ei derbyn. Wrth i'r bardd aeddfedu, mae'r rhefru a'r milwrio yn erbyn y famiaith yn tawelu, ac ar daith sy'n esgynfa, mae hi'n dysgu newid a chyfnewid geiriau ac felly hefyd agweddau.

> I wrote a rant against mother tongues
> And other tongues a long time ago,
> When I was young (and foolish)
> As you are now. I'm done with that
>
> Between the 'naked noir' of her
> And the 'English muffin' of me,
> No war. Instead insistent drums,
> Tattooing the beginning and end of prayer
>
> Abstained, the blowing of a conch
> Not martial but auspicious, that word
> So new to your compatriot once
> Upon a climb. We took, we changed ... [15]

Mewn cerdd arall, 'The Other Mother', mae Sampurna yn mynegi'n deimladwy a phwerus y tyndra rhwng y ddwy iaith: y famiaith a'r llysiaith (os cawn fathu gair dros dro). Lleolir y gerdd ar y fynwes, ac yno, yn agosatrwydd y greddfau, rhwng y fron a'r tafod, y llaeth a'r sugn, mae'r colli a'r ennill yn ddwysingol.

> Too late to unlearn the instincts
> Of an alien tongue turned intimate.
>
> Suckled and weaned
> From your mother tongue, write, now,
> In your other tongue.[16]

Wrth droi at Hindi, cyn cyrraedd y gerdd a gaiff ein prif sylw, mae'n werth sôn am un bardd a oedd yn ymwybodol iawn o'r cwlwm rhwng iaith a gwleidyddiaeth ac a oedd, yn wahanol i Sampurna a'i 'rhyfelwyr', yn teimlo'n gryf y dylid parhau i ysgrifennu yn y famiaith ac nid yn Saesneg. Wrth ailasesu natur ôl-drefedigaethol India yn y 1970au, fel y nodwyd eisoes, daeth Raghuvir Sahay i'w adnabod gan rai fel 'ceidwad cydwybod'. Yn ei gerdd 'Hamari Hindi' ('Ein Hindi') delweddir iaith fel 'gwraig gwidman', a'i disgrifio fel un genfigennus, faldodus.[17] Y gwidman, mae'n debyg, yw'r India annibynnol newydd, ac roedd lle yn ei chyfansoddiad i'r Hindi. Gan ei bod hi'n iaith iau nag ieithoedd eraill India, roedd ei lle yn y tŷ, fel gwraig newydd, yn freintiedig felly. Cymaint oedd dig llawer tuag at y gerdd, fe'i sensoriwyd, cyn sylweddoli nad bwrw sen ar yr iaith Hindi oedd y bwriad o gwbl. Wedi'r cyfan, roedd Sahay yn un o'i lladmeryddion taeraf. Taro ergyd wleidyddol ehangach oedd y nod, a cheisio dweud nad ennill yw ennill statws i iaith os yw'r statws hwnnw'n dod gan gyfundrefn anghyfartal ac annheg. Mae cerdd arall, â'r teitl uniongyrchol 'Hindi', efallai'n rhoi mwy o oleuni ar neges y bardd. Yn hon, gwelwn ymdriniaeth bellach ar gymhlethdod y berthynas grym rhwng iaith a chyfundrefn, hierarchaeth, awdurdodyddiaeth a hiliaeth. Ynddi, cyfeirir eto at y 'frwydr iaith', gan gyfarch y darllenydd fel 'y milwr da a gollodd y dydd'; colli oherwydd ei fod wedi disodli iaith ond heb ddisodli anghyfiawnder, 'Os perthyn Hindi i'r meistri, / yna, ym mha iaith yr ymladdwn dros ryddid?'[18] Ond mae'n bryd troi at Kedarnath Singh, ein bardd olaf o'r wlad enfawr hon.

Daeth Singh yn Athro Hindi ym Mhrifysgol Jawajarlal Nehru, Delhi Newydd, gan ymchwilio i lenyddiaeth fodern Hindi yn ogystal â chyfrannu'n greadigol ati, a dod yn fardd a ystyrir gyda'r amlycaf ym myd barddoniaeth fodern Hindi. Datblygodd arddull arbrofol o ran techneg a themâu, a hynny o dan ddylanwad y *Nayi Kavita*, sef symudiad 'y farddoniaeth newydd' a esblygodd yn y 1950au a'r 1960au.

O ran ein hymchwil ni, mae'n werth nodi y byddai Kedarnath Singh yn aml yn disgrifio ei hun fel bardd 'yr iaith a oedd rhywle rhwng Hindi a Bhojpuri'.[19] Mae dau beth yn ddiddorol yn y gosodiad hwn; yn gyntaf, y modd y mae'r bardd yn teimlo ei fod yn gallu gosod ei iaith ei hunan mewn man sydd rhwng dwy iaith gydnabyddedig. Drwy hyn, cawn ein hatgoffa o agwedd nad ydym wedi ei thrafod hyd yn hyn, sef fod gan iaith briodoleddau personol iawn. Wedi'r cyfan, mae gennym oll ein 'hidiolect', ein priod-iaith ein hunain, a honno'n dibynnu'n aml ar ddylanwadau fel iaith yr aelwyd, iaith cyfeillion, iaith y fro, iaith y cyfryngau ac iaith athrawon ymhlith eraill. Fel y dywedodd Valéry mor groyw: 'rwy'n siarad mil o ieithoedd'.[20] Yn ail, ac yn fwy arwyddocaol o bosibl, mae ymwybyddiaeth y bardd ohono ef ei hunan fel 'bardd iaith' yn drawiadol. Yr awgrym yma yw ei fod yn gweld iaith fel pennaf thema neu ysgogiad ei gerddi.

Yn ei gerdd 'Mamiaith', gwelwn ddelwedd debyg i'r un a welwyd yng ngwaith Joy Goswami, ond y tro hwn nid man cychwyn mo iaith, ond yn hytrach cyrchfan – neu fan i ddychwelyd iddo, a bod yn fanwl gywir. Ac os yw cerddi Sampurna i'r famiaith yn gerddi ei hieuenctid, nid felly i Singh a luniodd y gerdd hon pan oedd dros ei hanner cant. Yn unol â'i awen, gosodir profiad y bardd yn y byd o'i gwmpas, byd natur a'r byd dinesig fel ei gilydd. Mae'r famiaith yn gallu cynnig cysur, swcr hyd yn oed. Mae'n noddfa i'r enaid claf. Cyflwynir hi yma yng nghyfieithiad Mohini, gyda diolch.

MAMIAITH[21]

Fel morgrug yn dychwelyd i'w twneli
Mae cnocell y coed yn dychwelyd i'r coed
Mae awyrennau'n dychwelyd un ar ôl y llall
Yn taenu eu hadenydd ar draws yr awyr goch
I'r maes awyr

O! Fy iaith
Dychwelaf atat
Pan fydd fy nhafod yn cyffio
O fod yn dawel am gyfnod rhy hir
Pan fydd fy enaid
Yn dechrau brifo.

Nodiadau

1   Kedarnath Singh, 'Maatribhasha', yn *Akaal mein Saaras* (Delhi Newydd: Rajkamal Prakashan, 1988), t. 11.

2   *www.thehindu.com/books/remembering-the-conscience-keeper/article22695127.ece*.

3   Sampurna Chattarji, Rhagair i Joy Goswami, *Selected Poems*, cyf. Sampurna Chattarji (India: Harper Perennial, 2014), t. xvi.

4   Ibid., t. xvii.

5   Joy Goswami, *Moutat Maheswar* (Kolkata: Ananda Publishers, 2005).

6   Goswami, *Selected Poems*, t. 71.

7   Am ymdriniaeth ddiddorol â'r broses o gyfieithu gwaith Goswami yn benodol a barddoniaeth yn gyffredinol, gweler y rhagarweiniad i Goswami, *Selected Poems*, yn enwedig tt. xix–xxii, ac eto tt. xxix–xxxii.

8   Sampurna Chattarji ac Eurig Salisbury, *Elsewhere Where Else / Lle Arall, Ble Arall* (Mumbai: Paperwall Media, 2018).

9   Ibid., tt. 53–66.

10 Ibid., t. 60.

11 Ibid., t. 61.

12 Ibid.

13 Sonia Sampurna rywfaint am y cymhlethdod hwn wrth gofnodi atgof am sgwrs â Twm Morys: *www.goethe.de/ins/in/lp/prj/ptp/mag/en15231112.htm*.

14 Chattarji a Salisbury, *Elsewhere Where Else / Lle Arall, Ble Arall*, t. 62.

15 Ibid. Gyda llaw, fi yw'r 'compatriot' a ddysgodd y gair 'auspicious' gan Sampurna, a hynny wrth ddringo mynydd yn Neemrana, ger Jaipur.

16 Sampurna Chattarji, 'The Other Mother', yn *Sight May Strike You Blind* (Delhi Newydd: Sahitya Akademi, 2007), tt. 7–8.

17 Raghuvir Sahay, 'Hamari Hindi', yn *Raghuvir Sahay Sanchayita*, gol. Krishna Kumar (Delhi Newydd: Rajkamal Prakashan 2003), t. 193.

18 Raghuvir Sahay, 'Hindi', yn *Raghuvir Sahay Sanchayita*, t. 194. Am gyfieithiad i'r Saesneg gan Harish Trivedi/Daniel Weissbort, gw. *allpoetry.com/poem/8586935-Hindi-by-Raghuvir-Sahay*.

19 *timesofindia.indiatimes.com/india/jnanpith-recipient-poet-kedarnath-singh-no-more/articleshow/63386249.cms*.

20 *Paul Valéry, Cahiers 1*, gol. Judith Robinson (Paris: Gallimard, 1973), t. 395.

21 Cyhoeddir am y tro cyntaf yn y gyfrol hon, gyda chaniatâd y cyfieithydd.

PENNOD 10

Proffwydoliaeth

CONVERSAR[1]

En un poema leo:
conversar es divino.
Pero los dioses no hablan:
hacen, deshacen mundos
mientras los hombres hablan.
Los dioses, sin palabras,
juegan juegos terribles.

El espíritu baja
y desata las lenguas
pero no habla palabras:
habla lumbre. El lenguaje,
por el dios encendido,
es una profecía
de llamas y un desplome
de sílabas quemadas:
ceniza sin sentido.

La palabra del hombre
es hija de la muerte.
Hablamos porque somos
mortales: las palabras
no son signos, son años.
Al decir lo que dicen
los nombres que decimos
dicen tiempo: nos dicen,
somos nombres del tiempo.
Conversar es humano.

Octavio Paz (1914–1998)

5369 milltir

(Aberystwyth – Dinas Mecsico)

Proffwydoliaeth

Dinas Mecsico sy'n hawlio'r bardd Octavio Paz. Fe'i ganed yno ac yno hefyd y bu farw, ond mae'n amhosibl osgoi'r dylanwadau rhyngwladol arno. Yn rhannol drwy ei waith fel diplomydd, teithiodd i lefydd mor amrywiol â Ffrainc, Unol Daleithiau'r America, India, Affganistan, Lloegr (lle bu'n dysgu ym Mhrifysgol Caergrawnt) a Sri Lanka i enwi ond rhai. Ymladdodd yn y Rhyfel Cartref yn Sbaen yn erbyn y Ffasgwyr. Yna, yn yr Ail Gyngres Wrth-Ffasgaidd Ryngwladol yn Valencia ym 1937, cyfarfu â beirdd fel Antonio Machado, Pablo Neruda, W. H. Auden a Stephen Spender. Roedd eisoes wedi cyhoeddi cerddi yn ei arddegau, ond fe'i hysbrydolwyd gan y cysylltiadau newydd hyn i fynd ati i farddoni o ddifrif. Yn nes ymlaen, yn ystod yr Ail Ryfel Byd, pan ddaeth llif o ffoaduriaid i Ddinas Mecsico, daeth o dan ddylanwad traddodiad barddol Ffrainc drwy ei ymwneud ag alltudion fel Victor Serge a Benjamin Péret, ac wedi'r rhyfel ym 1945, ac yntau bellach ym Mharis, daeth yn gyfaill mawr i André Breton. Heb os, ystyrir Paz, y cymeriad rhyngwladol hwn, yn un o feirdd mwyaf arwyddocaol Mecsico, ac ymhlith y gwobrau lu a enillodd am ei lenydda, gall gyfrif Gwobr Nobel 1990.

Roedd rhaid cynnwys Octavio Paz yn y gyfrol hon oherwydd yng nghwmpas eang ei waith, un o'r themâu amlycaf yw 'iaith' a 'geiriau iaith'. Fe'i gwelir dro ar ôl tro yn myfyrio dros yr elfennau hyn, nid yn unig o ran eu swyddogaeth fel deunydd crai bardd, ond hefyd, yn fwy cyffredinol, fel cyfrwng cyfathrebu rhwng pobl a'i gilydd. Ac i ddiplomydd, byddai honno'n swyddogaeth bwysig.

Cyn troi at ei gerddi, ystyriwn am ychydig ei waith treiddgar, *Traducción: Literatura y Literalidad* (*Cyfieithu: Llenyddiaeth a Llythrenoldeb*).[2] Yma, dywed fod pob iaith unigol yn ein cau ni oddi mewn i rwydwaith anweledig o seiniau ac arwyddion sy'n cynnig bydolwg unigryw i bob cenedl.[3] Dywed, er enghraifft, 'nad yr un yw'r haul a folir mewn cerdd Aztec â'r un sydd mewn emyn Eifftaidd, er bod y ddau'n siarad am yr un seren'.[4] Mewn adran arall yn yr un ysgrif, delwedda iaith fel 'tirlun'.[5] Mae'r tirlun hwn yn ei dro yn drosiad o genedl neu unigolyn. Topograffeg eiriol yw iaith, lle 'mae popeth yn cyfathrebu â'i gilydd, a phopeth yn gyfieithiad'.[6] Mewn delwedd sy'n ddwbl ei symbolaeth, aiff yn ei flaen i ddatgan mai '[c]adwyni o fynyddoedd yw brawddegau, ac arwyddion ac arwyddluniau gwareiddiad yw'r mynyddoedd'.[7] I Paz, er mwyn deall geiriau iaith felly, mae'n rhaid deall y diwylliant sy'n amgylchynu'r iaith.

Ystyriwn wedyn yr ymson deimladwy 'Libertad bajo palabra' ('Rhyddid o dan air') a gyhoeddwyd gyntaf mewn antholeg o waith Paz ym 1949.[8] Ceir syniad o arwyddocâd y darn am iddo gael ei ddewis nid yn unig fel teitl i'r antholeg, ond hefyd, yn ddiweddarach, i ddetholiad o ddau ddegawd o waith Paz.[9] Yn yr ymson, cawn y llenor unwaith eto yn ymgodymu â'r syniad o 'iaith', gan ymholi am berthynas geiriau â'r byd o'n cwmpas.[10] Daw'r darn i ben gyda'r brawddegau canlynol, lle mae'r 'G' fawr i 'Gair' yn tynnu sylw:

> Fan draw, lle dilëir y llwybrau, lle mae'r tawelwch yn gorffen, dyfeisiaf anobaith, y meddwl sy'n fy nychmygu, y llaw sy'n fy llunio, y llygad sy'n fy narganfod. Dyfeisiaf y ffrind sy'n fy nyfeisio i, yr un sy'n debyg i mi, a'r wraig, yr un sy'n wrthwyneb i mi: tŵr y coronaf â baneri, mur y bydd fy ewyn yn ei ddringo, dinas ddrylliedig sy'n dadeni'n araf o dan deyrnasiad fy llygaid.
>
> Yn erbyn y tawelwch a'r twrw, dyfeisiaf y Gair, y rhyddid sy'n dyfeisio ei hunan ac sy'n fy nyfeisio i bob dydd.[11]

Gwelir yn y portread cymhleth hwn o'r berthynas rhwng y bardd a'r Gair, fod iaith yn cynnig rhyw fan canol rhwng tawelwch a thwrw, a bod ganddi rym ymryddhau. Ond delfryd yw'r Gair a ddychmygir yma. Gair yw hwn y mae'n rhaid ei ddyfeisio ac sydd rywsut y tu hwnt i gyrraedd. Mae Paz yn dychwelyd drosodd a thro at y cwest hwn am iaith a all ei fodloni'n llwyr. Fe'i gwelwn yn pendilio'n wastadol rhwng ffydd yng ngrym geiriau a diffyg hyder llwyr ynddynt. Cawn esiampl fyw o'r anniddigrwydd hwn, ac o'r canfyddiad nad yw iaith na'i geiriau yn ei wasanaethu'n ddigonol, yn 'Entrada en materia' ('Cyflwyno'r Mater'), o'r casgliad *Salamandra*.[12] Yma, mewn 'tref enfawr a disynnwyr' cawn ddarlun o unigolyn sy'n ceisio geiriau, ac mae'r ymgais yn boenus. Wedi disgrifio byd hunllefus lle mae'r 'lleuad yn feddwyn sy'n syrthio ar ei wyneb', a'r 'awr yn awr dod i ben â'r oriau', delweddir geiriau fel gwrthrychau 'pigog' mewn tŵr uchel sy'n crafu godre'r cymylau, cyn datgan yr orfodaeth feichus hon:

Nid enwau mo enwau
Ni ddywedant yr hyn y maen nhw'n ei ddweud
Mae'n rhaid i mi ddweud yr hyn nad ydynt yn ei ddweud
Mae'n rhaid i mi ddweud yr hyn a ddywedant[13]

Yn wyneb yr anhawster cyson a gaiff wrth geisio ymgorffori ein byd mewn geiriau, clywn yn 'Noche en claro' ('Noson glir') mai'r tawelwch sy'n canu;[14] ac yn yr esiampl eithafol isod allan o gerdd â'r teitl eironig o greulon 'Certeza' ('Sicrwydd'), gwelwn sut y mae'r bardd yn bodoli rhwng cromfachau, mewn gwacter geiriau diflanedig:

Os yw golau gwyn
y lamp hon yn real, ac os yw'n real
y llaw sy'n ysgrifennu, ai real
yw'r llygaid sy'n edrych ar yr hyn a ysgrifennwyd?

O'r naill air i'r llall
diflanna'r hyn a ddywedaf
a gwn fy mod i'n fyw
rhwng dwy gromfach.[15]

Drachefn, yn 'La Palabra Dicha' ('Y Gair Llafar'), tawelwch sy'n gorchfygu.[16] Hon yw'r ail gerdd mewn pâr o gerddi a osodwyd yn gyfochrog â'i gilydd; y gyntaf yw 'La Palabra Escrita' ('Y Gair Ysgrifenedig'). Yma gwelwn y gair ysgrifenedig yn dal 'yr haul ac amser uwch ben y dibyn', hyd nes i'r gair llafar ymgodi o'r dudalen a cherdded 'ar edefyn sy'n ymestyn o'r tawelwch i'r sgrech, / ar hyd llafn y dywedyd llym'. Yn y cerddi hyn eto, gwelwn iaith 'nad yw'n dweud' a gair sy'n gwrth-ddweud yr hyn y mynn y bardd ei ddweud. Crisielir tyndra'r amwysedd yn siars y llinell glo: 'er mwyn siarad, dysged ymdawelu'.

Hyderaf fod yr ychydig gyflwyniad uchod yn ddigon i awgrymu bod 'chwilio am iaith', fel y dywedodd un beirniad, 'yn ymchwil ddiddiwedd ym marddoniaeth Octavio Paz',[17] ac yn arwydd o ba mor anodd felly fu dethol un gerdd yn unig i'w throsi i'r Gymraeg ar gyfer y bennod hon. Ond dewis oedd rhaid, a'r gerdd enwog 'Conversar' ('Sgwrsio') a enillodd fy mhleidlais.[18]

Aiff y gerdd hon â ni at natur ddwyfol y cread, a chread iaith yn benodol. Nid dyma'r tro cyntaf i Paz gyffwrdd â hyn. Fe'i gwelir yn mynd ar drywydd tebyg mewn cerdd gynharach, 'Fábula' ('Chwedl'), sy'n disgrifio sut nad oedd unwaith ddim byd ond un gair enfawr 'fel yr haul', ond sut y bu i'r gair hwnnw ymrannu'n ddarnau mân.[19] Y darnau hyn, meddai, yw'r iaith yr ydym yn ei siarad heddiw, darnau na fyddant fyth yn ailymuno i greu cyfanwaith eto. Drychau toredig ydynt lle mae'r byd yn edrych arno ei hunan ac yn gweld ei hunan yn ddrylliedig.

Ond brysiwn at 'Conversar'. Fe'i cawn yn nhrydedd adran ei gyfrol *Árbol adentro*, sy'n cynnwys cerddi a luniwyd rhwng 1976–87.[20] Mae gwead 'Conversar' yn tynnu tri llinyn barddol ynghyd. Y llinyn cyntaf yw cerdd gan Alberto de Lacerda, bardd a gohebydd Portiwgalaidd a aned ym Mozambique, ac y clywsom amdano yng nghyd-destun ei gerdd 'A Língua Portuegesa' ym mhennod saith.[21] (Fel ail edefyn i'r llinyn hwn, noder wrth fynd heibio fod cerdd de Lacerda yn ei thro wedi ei chyflwyno'n wreiddiol i fardd arall, Jorge Guillén, un o griw 'Cenhedlaeth '27'.)[22]

Yr ail linyn yw myfyrdod ar linell benodol o gerdd de Lacerda. Y trydydd llinyn yw'r gerdd newydd.[23] Y llinell o gerdd de Lacerda, a sbardun y gerdd newydd, yw'r un sy'n datgan: 'conversar é divino' ('mae sgwrsio'n ddwyfol'). Gan ddyfynnu'r llinell honno, mae'r gerdd newydd yn agor â datganiad sy'n gosod y cyd-destun fel hyn: 'Darllenaf mewn cerdd: / *mae sgwrsio'n ddwyfol*'. Y gair nesaf yw 'ond'. A chyda'r gair hwn cyflwynir amcan gweddill y gerdd, sef dadlau yn erbyn y dyfyniad gwreiddiol, hyd nes inni gyrraedd y llinell glo a datganiad sy'n wrthddywediad plwmp a phlaen: '*peth dynol yw sgwrsio*'. Ac fel y cawn weld, ar ei thaith o'r pennill cyntaf i'r olaf, mae'r gerdd nid yn unig yn cwestiynu dwyfoldeb iaith ond hefyd yn cwestiynu ai cyfathrebu yw ei phennaf ddiben.

Yn y lle cyntaf, dywed nad yw duwiau'n 'siarad'. Haera yn hytrach mai 'chwarae' a wna'r dwyfol, ac mai 'siarad' yw'r hyn a wna'r dynion meidrol. Nid yw ergyd y cyfeiriad at 'y duwiau'n chwarae' yn glir ar yr olwg gyntaf. Daw Wittgenstein a'i athroniaeth 'Gêm Iaith' i'r meddwl, a'r syniad mai'r unig beth sy'n rhoi ystyr i air neu frawddeg yw rheolau'r gêm a chwaraeir.[24] Fodd bynnag, mae Elizabeth Monasterios mewn erthygl ofalus,[25] yn awgrymu bod y syniad o 'chwarae' fan hyn yn cyfeirio at un o elfennau'r *Popol Vuh*, y llyfr hynafol sy'n crynhoi hanes y creu fel y caiff ei fynegi yn ôl diwylliant y Maya. Yn hwn, nodir sut y mae'r prif gymeriadau, dau dduw a'r rheiny'n efeilliaid, yn destun cenfigen a dicter yr holl dduwiau eraill. Asgwrn y gynnen yw bod y ddau efaill dwyfol yn gwybod cyfrinach 'chwarae'. Er bod modd trechu'r efeilliaid, nid oes modd trechu eu dawn i ail-greu neu ad-daflu eu hadlewyrchiad eu hunain ar eraill. Canlyniad y ddawn hon yw bod yr 'eraill' hyn yn eu tro'n dod yn symbolau o'r efeilliaid gwreiddiol, ac fel yr efeilliaid, mae hwythau hefyd yn dod i wybod cyfrinach y chwarae. Y chwarae dwyfol hwn wedyn yw'r cyfrwng sydd ganddynt i dafoli bywyd a marwolaeth, buddugoliaeth a methiant.[26] Wrth gyfosod 'siarad dynion' felly ochr yn ochr â 'gweithgaredd y duwiau' sy'n 'gwneud a dad-wneud bydoedd', awgryma'r gerdd mai peth dibwys ac aneffeithiol yw'r siarad. Bron nad ydym yn clywed rhyw 'jyst' go ddirmygus o dan y wyneb. Mae'r duwiau'n gwneud y pethau mawr, 'tra bo dynion "jyst" yn siarad'.

Yn yr ail bennill, fodd bynnag, os nad ydyw'r duwiau'n siarad fel y cyfryw, eto i gyd gwelwn fod perthynas rhwng dwyfoldeb ac iaith. Oherwydd, mae'r ysbryd (ac mae rhywun yn cymryd bod elfen ddwyfol yn perthyn i'r ysbryd hwn) yn dod oddi fry ac yn 'datod tafodau'. Noder, fodd bynnag, nad ydyw'r ysbryd ei hunan yn siarad geiriau, ond yn hytrach yn siarad tân. A dyma lle down wyneb yn wyneb â dwy ddelwedd drawiadol o iaith. Mae hi'n 'broffwydoliaeth o fflamau' sydd wedi ei rhoi ar dân gan y duw. Mae hi'n 'gwymp o sillafau llosg sy'n lludw diystyr'.

Mae'n werth craffu ar y syniad hwn o 'gwymp y sillafau llosg'. Mae Mark Strand, wrth drosi'r gerdd i'r Saesneg, yn dweud fel hyn, 'a tower of smoke and a collapse of syllables burned'.[27] Ychwanegiad llwyr yw'r 'tower of smoke', ond mae rhywun yn deall sut y gellir cyfiawnhau ei gyflwyno gan fod y gair am 'cwymp' yn y Sbaeneg gwreiddiol, 'desplome', yn nes at 'collapse' na 'fall'. Yn 'desplome' felly, ymglywir â'r syniad o dŵr (tŵr Babel efallai?) yn dymchwel yn bendramwnwgl (ac fe gofiwn am y cyfeiriad blaenorol yn 'Entrada en materia' am 'eiriau pigog' oedd fel 'tŵr yn crafu godre'r cymylau').[28] At hyn, yn y cyfeiriad hwn at 'ddymchwel', fel yr awgrymodd José Hernández, mae cerdd Paz fel pe byddai'n dad-wneud syniadaeth enwog Heidegger (cofiwn yn ôl i'r bennod gyntaf a 'phreswylfa ein bod', oddi mewn i'r hwn y mae meidrolion yn byw);[29] oherwydd fel y clywsom, *dad*feiliad yw'r adeilad a geir yng ngherdd Paz. Mae iaith yn 'gwymp o sillafau llosg',[30] ac felly, nid oes modd byw oddi mewn iddi.

A symud i'r trydydd pennill, os yw Waldo'n gweld iaith fel 'merch perygl', cawn Octavio Paz yn ei gweld hi (neu o leiaf 'gair y meidrol') fel 'merch marwolaeth'. Esbonnir nad yw geiriau'n 'arwyddion' o ddim, ond yn hytrach mai 'blynyddoedd' ydynt. Wrth ddweud yr hyn a ddywedant, mae'r enwau yr ydym yn eu hynganu'n 'dweud yr amser'. Dyma danlinellu meidroldeb iaith a'i geiriau, yn ogystal â'n meidroldeb ninnau fel y rhai sy'n eu siarad. Fel pobl feidrol, cawn ein diffinio gan amser. Mae dechrau a diwedd i'n hoedl ni. Ac mae hynny'n gwrthgyferbynnu â'r duwiau ac â'r dwyfol. Eto, erbyn diwedd y gerdd, er bod iaith wedi ei dadelfennu, ei chwalu a'i drysu bron yn llwyr, gwelwn ein bod yn dal i'w defnyddio er mwyn sgwrsio.

O ran ymgodymu â heriau ei chyfieithu, er bod digon ohonynt, bu'n rhaid ymwroli, oherwydd, tra bo Paz yn mynnu, fel y clywsom uchod, fod gwahaniaethau sylfaenol rhwng ieithoedd â'i gilydd, mae ei ffydd ym mhosibilrwydd cyfieithu llwyddiannus yn ddiysgog. Sail y sicrwydd hwn yw ei gred bod holl ieithoedd y byd, er mor amrywiol ydynt, yn fynegiant o ysbryd sy'n hanfodol gyffredin i'r holl bobloedd.[31] Gan fod pobl o bob iaith yn dweud yr un pethau yn eu hanfod, i Paz mae cyfieithu felly'n gwbl bosibl, a thrwy gyfieithu, mae hi hefyd yn gwbl bosibl i ni ddod i ddeall ein gilydd.[32] Cawn weld.

SGWRSIO

Darllenaf mewn cerdd:
peth dwyfol yw sgwrsio.
Ond dydy'r duwiau ddim yn siarad:
gwneud a dad-wneud bydoedd a wnânt
tra bo dynion yn siarad
Mae'r duwiau dieiriau
yn chwarae gemau ofnadwy.

Disgynna'r ysbryd
a datod tafodau
ond heb siarad geiriau:
mae'n siarad tân. Proffwydoliaeth
yw iaith
wedi ei chynnau gan y duw,
proffwydoliaeth o fflamau
a dymchwel pendramwnwgl
sillafau llosg:
llwch heb ystyr.

Merch marwolaeth
yw gair dynion.
Siaradwn am ein bod ni'n
feidrol: nid arwyddion
mo geiriau, blynyddoedd ydynt.
Gan ddweud yr hyn a ddywedant
mae'r enwau a ddywedwn
yn dweud yr amser: maen nhw'n ein henwi ni,
enwau amser ydym.
Peth meidrol yw sgwrsio.

Nodiadau

1 Octavio Paz, 'Conversar', yn *Octavio Paz, Collected Poems 1957–1987*, gol. Eliot Weinberger (Manceinion: Carcanet, 1988), t. 544.

2 Octavio Paz, *Traducción: Literatura y Literalidad* (Barcelona: Editorial Tusquets, 1971).

3 Ibid., t. 8.

4 Ibid.

5 Ibid., t. 12. Gw. Wallace Stevens, 'Description without place', yn *The Collected Poems of Wallace Stevens* (Efrog Newydd: Alfred Knopf, 1955), tt. 339–46.

6 Paz, *Traducción: Literatura y Literalidad*, t. 12.

7 Ibid.

8 Octavio Paz, *Libertad Bajo Palabra* (Mecsico: Tezontle, 1949).

9 Octavio Paz, *Libertad Bajo Palabra Obra Poética 1935–1957*, 3ydd golygiad (Mecsico: Fondo de Cultura Económica, 2003).

10 Ibid., tt. 11–12.

11 Ibid., t. 12.

12 Octavio Paz, 'Entrada en materia', yn *Octavio Paz, Collected Poems 1957–1987*, tt. 38–45.

13 Ibid., t. 44.

14 Ocatvio Paz, '*Noche en claro*', yn *Octavio Paz, Collected Poems 1957–1987*, t. 98.

15 Octavio Paz, 'Certeza', yn *Octavio Paz, Collected Poems 1957–1987*, t. 66.

16 Octavio Paz, 'La Palabra Dicha', yn *Octavio Paz, Collected Poems 1957–1987*, t. 62.

17 Carmen Ruiz Barrionuevo, 'La incesante busqueda del lenguaje en la poesía de Octavio Paz', *Revista de Filología de la Universidad de la Laguna*, 3 (1984), 61–81.

18 Octavio Paz, 'Conversar', yn *Octavio Paz, Collected Poems 1957–1987*, t. 544.

19 Octavio Paz, 'Fábula', yn *Libertad bajo palabra Obra Poética 1935–1957*, tt. 89–90.

20 Octavio Paz, *Árbol adentro* (Barcelona: Seix Barral, 1987).

21 Cerdd Lacerda i Jorge Guillén.

22 'Generación '27' ('Cenhedlaeth '27') oedd criw o feirdd dylanwadol a ddaeth i'r amlwg oddeutu 1927 yn Sbaen, ac a fu'n arbrofi â ffurfiau'r *avantgarde*.

23 Am drafodaeth fanwl ar wead triphlyg y gerdd, gweler Elizabeth Monasterios, 'Leyendo a Paz', *Revista Canadiense de Estudios Hispánicos*, 16/3 (Gwanwyn 1992), 643–50 (t. 644).

24 Ludwig Wittegnestein, *Philosophische Untersuchungen*, cyf. G. E. M. Anscombe (Rhydychen: Basil Blackwell, 1953). Gw. er enghraifft, t. 11 (PI 23).

25 Elizabeth Monasterios, 'Leyendo a Paz', t. 647.

26 Ibid.

27 Octavio Paz, 'To talk', yn *Octavio Paz, Collected Poems 1957–1987*, t. 545.

28 Octavio Paz, 'Entrada en materia', yn *Octavio Paz, Collected Poems 1957–1987*, t. 42.

29 Martin Heidegger, *Über den Humanismus* (Frankfurt a. M.: Klostermann, 1949), t. 5. Gw. hefyd Ned Thomas, '"Dichten und Denken": meddwl am yr iaith a meddwl yn yr iaith yng nghmwni Maritn Heidegger', yn E. Gwynn Matthews (gol.), *Hawliau Iaith: Cyfrol Deyrnged Merêd* (Talybont: Y Lolfa, 2015), tt. 103–19 (t. 116).

30 Gw. José Hernández, 'La Casa de Conversación', adolygiad o *Árbol adentro*, yn *Lecturas de Octavio Paz* (1 Febrero 1989), *www.nexos.com.mx/?p=5346*.

31 Paz, *Traducción: Literatura y Literalidad*, t. 7.

32 Ibid.

Tiwnio llais yr iaith

KANGELU MU MVLEY ZVNGVN[1]

Am fill

Kom zvngvkey

Mvli naynay

Rafraf   zlmull

Kvymvz   trekan

Mvpvw   pvnpvn

Kvrvf   aychvf

Wilvf   llvmllvm

Zumiñ

Ngvtramkali chumfeleki nga

Kvtral winvmyvm ni kewvn

Kvmkvmtvkuyvm mvngel

Zvngvkey tvngnarkvlelu

Matuyawlu   wirafkvyawlu

Triliwlu   traloflu

Yafvlu   trayaylu

Ngvnfarlu   rvngvflu

Trawvy zvngvwi

Pvypvytuwi zvngvwi

Wvzay zvngvwnewi

Vwamuwi zvngvwi

Feyelfi inarumewi

Victor Cifuentes Palacios (1977–)

7514 millitr

(Aberystwyth – Temuco)

Tiwnio llais yr iaith

A ninnau eisoes wedi cyrraedd America yng nghwmni Octavio
Paz yn y bennod ddiwethaf (heb sôn am alw heibio yn soned
Unamuno ym mhennod chwech), cawn aros yno am ysbaid fer
wrth i'n taith ni ddod i ben. Gadewch inni grwydro o Fecsico tua'r
de, ac yn hwyr neu'n hwyrach cawn ein synnu gan arwydd ffordd
tairieithog: 'Bienvenidos a Trevelin, Croeso i Drefelin, Müna Küme
Tañi engün Akun'.[2] Rydym yn adnabod yr ail iaith ac yn deall y
geiriau, gallwn ddyfalu mai Sbaeneg yw'r gyntaf. Y drydedd iaith
sydd, mae'n debyg, yn peri peth penbleth, ac eto i gyd, hon, heb
os, yw iaith hynaf yr ardal. Oherwydd ymhell cyn i'r Sbaenwyr
na'r Cymry ddod i'r darn hwn o'r byd, roedd yn drigfan i bobl
y Mapuche ac iaith y Mapudungun neu'r Mapuzungun.[3]

Rydym ni wedi cyrraedd rhan o'r byd y mae'r Mapuche yn ei
alw'n Wajmapu neu Wallmapu. Mae'n ardal sy'n anodd ei diffinio,
ond sydd, â siarad yn fras, yn ymestyn rhwng de canolbarth Chile,
Patagonia a'r Ariannin, gyda mynyddoedd y Pire Mapu, neu'r
Andes, yn rhannu'r tiroedd. I'r gorllewin mae'r Ngulu Mapu,
ac i'r dwyrain y Puel Mapu. Ystyrir erbyn heddiw fod tiroedd
y Mapuche yn arfer ymestyn dros 64 miliwn hectar, a'u ffiniau'n
cyrraedd afon Limarí yn y gogledd a morgainc y Reloncaví yn y
de, ac yn cyffwrdd y ddau gefnfor, y Môr Tawel yn ogystal â Môr
Iwerydd.[4] Rhennir y Wajmapu yn saith o fröydd gwahanol, a phob
bro yn diriogaeth i gangen o'r teulu estynedig a'i thafodiaith.
Yn yr ardal ddwyreiniol tua'r Ariannin mae cangen y *Puelche*;
yn y mynyddoedd yn agos i'r coedwigoedd yn y dwyrain mae'r

Pehuenche; y *Wenteche* sy'n trigo rhwng y môr a'r mynyddoedd, a'r *Narche* neu'r *Nagche* sydd ym mro'r mynyddoedd ger Nahuelbuta; pobl y môr yw'r *Lafkenche*; y *Huilliche* yw pobl y De; a'r *Pikunche* yw pobl y Gogledd.[5]

Mae tarddiad y geiriau 'Mapuche' a 'Mapudungun' yn ddiddorol. Ystyr *mapu* yw'r 'ddaear', *che* yw'r bobl; 'pobl y ddaear' yw'r Mapuche felly, a'u hiaith yw 'iaith y ddaear', ac mae'r iaith yn ganolog i'w diwylliant, er nad oes neb a ŵyr i sicrwydd faint sy'n ei siarad erbyn heddiw. Nid yn unig y mae'r amcangyfrifon yn gwahaniaethu'n fawr o ryw 200,000 hyd at 700,000, ond o fewn yr amcangyfrifon hyn mae hefyd y modd y diffinnir 'siaradwyr' yn anelwig, a'r ystod yn cwmpasu rhai sy'n medru ambell air ac ymadrodd hyd at y siaradwyr rhugl. Yn wir, mae bardd y gerdd a fydd yn cael ein sylw ni yn y bennod hon yn ymhyfrydu yn y modd y mae'r iaith yn adnewyddu ei hunan o genhedlaeth i genhedlaeth. Caiff ei galonogi gan y modd y mae'r to iau'n gwneud ymdrech dda i'w dysgu ac i ailsefydlu rhai elfennau o'i diwylliant.[6] Cyfeiria at y modd y mae sawl ysgol erbyn heddiw'n gweithio gydag addysgwyr traddodiadol; ac yn ôl ym Mhatagonia, mae'n ddiddorol nodi'r ymgyrch a sefydlwyd yn Nhrelew yn 2015 i gynnig cyrsiau rhad ac am ddim i ddysgu'r Mapudungun.[7]

Ond er gwaethaf llawlyfrau dysgu iaith deniadol a chefnogaeth corff fel y Consejo Nacional de la Cultura y las Artes,[8] eto i gyd, nid yw'r rhagolygon yn llewyrchus, a hithau'n un o'r ieithoedd a nodir gan UNESCO fel iaith sydd mewn perygl o ddiflannu.[9]

O ran y traddodiad barddol, o'r hyn yr wyf wedi gallu ei gasglu, mae pedwar prif fath o ganu: yr *ülkantun*, y *gvnevlvn*, y *jamekan* a'r *tayül*. Yn yr *ülkantun*, cyfeirir yn aml at hanesion am deithiau, neu brofiad bywyd neu gariad. Mae'n ffurf sy'n aml yn cael ei haddasu yn fyrfyfyr. Fe'i defnyddir i ffarwelio â ffrindiau neu berthnasau neu i suo'r baban. Math o ganu yw'r *gvnevlvn* sydd ag amrywiadau penodol o ran yr alaw. Mae'r *jamekan* yn ffurf a neilltuir i'r beirdd benywaidd. Canu mwy seremonïol neu ddefodol, wedyn, yw'r *tayül*.

Mae gan y Mapuche ymwybyddiaeth gref o'r amlfydysawd oddi mewn i'r hwn y mae'r ddynolryw'n byw ac yn bod.[10] Ystyriant fod 'bodau' gwahanol gan elfennau gwahanol y byd naturiol. Bodau 'corfforol' yw'r rhain. *Ngen ko* yw bod y dŵr, *ngen mapu* yw bod y tir, a'r *ngenechen* yw'r bod dynol. Ond ystyrir bod tri math o fod 'anghorfforol' hefyd sy'n pontio o fydysawd i fydysawd, sef y *geh*, y *perrimontun* a'r *pewma*. Mae'r *geh* yn geidwaid tiriogaeth. Bodau rhithiol a goruwchnaturiol yw'r *perrimontun* sy'n ymddangos yn y byd fel anifeiliaid, adar a nadredd yn arbennig, ac mae ganddynt y gallu i groesi rhwng y gweledig a'r anweledig. Breuddwydion yw'r *pewma* lle bydd aelodau o'r teulu'n ailymuno ym mywyd beunyddiol y breuddwydiwr, gan sgwrsio a throsglwyddo negeseuon am y teulu neu'r gymdogaeth. Gall y *pewma* felly gau'r bwlch rhwng y byw a'r marw a sicrhau bod doethineb yr olyniaeth yn cael ei throsglwyddo o genhedlaeth i genhedlaeth.

Ceir blas ar sut y mae'r elfennau hyn yn britho barddoniaeth y Mapuche mewn casgliad tairieithog, Mapudungun, Sbaeneg a Saesneg (nid Cymraeg y tro hwn!), sef *Poetry of the Earth* a gyhoeddwyd yn 2014.[11] O ran y delweddu iaith a geir ynddo, efallai mai'r nodwedd fwyaf arwyddocaol yw'r ymwybyddiaeth o berygl colli iaith. Mae Paulo Huirimilla yn 'Weychafe üll' ('Cân y Rhyfelwr')[12] yn sôn am yr 'atal dweud ar ei lais', ac mae Maribel Mora Curriao, mewn cerddi megis 'Llagkülewey pu ülkantun' ('Arhosodd Ein Caneuon Ar Ôl')[13] a 'Üyechi pülom mew ta pewman' ('Dyffryn Breuddwydion'),[14] yn sôn am yr anhawster mae'n ei wynebu wrth geisio cyfathrebu â'i gorffennol a deall ei llinach a hithau wedi colli'r Mapudungun.

Un a gyfrannodd at gyfieithiadau'r gyfrol honno (i'r Mapudungun o'r Sbaeneg) yw Victor Cifuentes Palacios. Eto, mae Victor yn fardd yn ogystal â chyfieithydd, ac un o'i gerddi yntau a ddewiswyd i gloi pennod olaf ond un ein cyfrol ni. Fe'i ganed yn Temuco, Chile, lle mae'n dal i fyw. Mae'n siarad Sbaeneg, fel ei deulu i gyd, a rhywfaint o Ffrangeg, ond Mapudungun yw ei famiaith. Ar ffurf yr *ülkantun* y lluniwyd y gerdd, ac ynddi mae'r bardd yn mynegi ei berthynas feunyddiol ag iaith, a'r cysylltiad uniongyrchol a wêl rhwng iaith a'r amlfydysawd a'i amlfydoedd. Fel yn achos y dyfyniadau o waith rhai fel Alan Llwyd, a welsom ym mhennod dau, a Rosalía de Castro ym mhennod pump, yn y gerdd hon hefyd mae byd natur yn siarad iaith. Wrth fynd heibio, dyma eich annog i chwilio am gerdd 'All This Is Language',[15] gan Kendel Hippolyte, y bardd poblogaidd o St Lucia.[16] Mae yntau wedi dathlu'r un math o gysylltiad ieithyddol rhwng popeth byw, ac mae ei gerdd yn clywed y colomennod yn canu hosana, y coed yn datgan haleliwia, a'r afon yn un frawddeg hir. Fodd bynnag, yn achos Hippolyte, deallwn fod y bardd ei hunan wedi colli gafael ar ystyron iaith byd natur, neu o leiaf mae eu cofio'n anodd iddo, a hwythau bellach yn ddim ond 'hieroglyphic messages I used to know'. Nid felly i Victor, lle mae'r cyfan yn ymddangos yn gwbl ddealladwy iddo. Mae'r lleisiau a'r ieithoedd yn amrywiol, ydynt, ond maent yn dibynnu'n llwyr ar ymdoddi yn ei gilydd er mwyn bod yn ystyrlon. Yn yr ymdoddi hwn, wrth i un iaith ac un llais diwnio ei hunan yn ôl iaith a llais y llall, clywir y gynghanedd sy'n gallu dod pan fo holl elfennau'r amlfydysawd mewn cydymdeimlad â'i gilydd. Mae delwedd ganolog y gerdd yn personoli iaith, am mai'r iaith ei hunan sydd â llais. Efallai mai'r bobl a'r gwynt a'r creaduriaid sydd piau'r ieithoedd, ond yr ieithoedd sydd piau'r lleisiau.

O ran y cyfieithu, cedwais at y patrwm atalnodi, gan weld ei fod yn rhan annatod o'r pontio rhwng elfennau corfforol ac anghorfforol yr amlfydysawd o'n cwmpas. Ni allaf esbonio'n iawn paham y dewisais y ferf anarferol 'caneitio' yn lle 'tywynnu', neu 'llathru' efallai, oni bai ei bod yn nes at 'centellear' a welir yn fersiwn Sbaeneg y gerdd, a'm bod wedi dotio at ei dysgu wrth chwilio am bedair ffordd wahanol o gyfleu'r un syniad a chadw'n ffyddlon at y gwreiddiol. Dim ond gobeithio bod llais iaith y gyfieithwraig hon wedi tiwnio'n ddigonol i lais iaith y bardd, a chreu rhyw fath o gynghanedd dderbyniol.

TIWNIO LLAIS FY IAITH
YN ÔL LLAIS Y LLALL

Mae'r lleisiau lluosog
Yn sgwrsio mewn cynghanedd,
Yn cwmpasu'r crwydriaid bychain bach
Y rhai sy'n ymlusgo   y rhai tanddaearol
Y rhai sy' wedi'u mygu gan gysgod y gwyll y
cerddedwyr
Yn llifo yn aer yr ieithoedd chwim
Gwyntoedd yr ystyron helaeth yn adlewych
Yn disgleirio yn caneitio yn pefrio
O'r golwg mae'r siaradwyr
Yn siarad â'i gilydd fel y mae tân yn siarad
Wrth ymestyn ei dafod
Pan mae'n llosgi'n wenfflam
Mae gan yr hyn sy'n ymddangos yn llonydd ei
iaith
A'r hyn sy'n cerdded yn ysgafndroed, ar garlam,
A'r hyn sy'n swnio'n fetelaidd, a'r hyn sydd o bren
Yr hyn sy'n galed, yn ffosil
Yn feddal, yn bowdwr
Mae'r cyfan yn ymgysylltu drwy sgwrsio
Yn osgoi ei gilydd drwy sgwrsio
Yn ymwasgaru heb beidio â sgwrsio
Yn cydymdeimlo yn eu sgwrsio
Yn ymwrando ar atsain y lleisiau
Yn tiwnio eu hunain, y naill yn sgwrs y llall.

Nodiadau

1 Victor Cifuentes Palacios, 'Kangelu Mu Mvley Zvngvn', cyhoeddir am y tro cyntaf yn y gyfrol hon, gyda chaniatâd y bardd.

2 *web.archive.org/web/ 20140924072851/http:/www. patagonia2015.com/senialetica. html.*

3 Tueddir i ddefnyddio'r ffurf 'Mapuzungun' yn yr Ariannin a'r 'Mapudungun' yn Chile. Ffurf arall a ddefnyddir weithiau yw 'Mapuchezugun'.

4 Chrstian Báez Allenda (gol.), *Conociendo la cultura Mapuche* (Chile: Publicaciones Cultura, 2012), t. 15. Noder bod nifer o'r Mapuche erbyn heddiw hefyd yn byw ar gyrion Santiago, ac yn yr Ariannin yn ardal Río Negro, Chubut a Bariloche.

5 Ibid., t. 16.

6 Mewn cyfweliad â'r awdur.

7 *www.diariojornada.com.ar/127273/ sociedad/El_municipio_de_ Trelew_dicta_taller_de_idioma_ mapuche.*

8 Gw. e.e. brosiect 'dysgu iaith ein hynafiaid yn yr ysgol', Rodolfo Fernández Colinir (cydlynydd), *Kimtuayiñ kuifi ke che ñi mapunzugun kimeltuchefe ñi ruka mew* (Chile: Fondo Nacional de Desarrollo Cultural y las Artes, 2010).

9 Am ragor am sefyllfa'r Mapudungun, gweler María Natalia Castillo Fadić ac Enrique Sologuren Insua, 'La lengua mapuche frente a una políticaindígena urbana: marco legal, acción pública y planificación idiomática en Chile', *Revista de Lenguas Indígenas y Universos Culturales*, 8 (2011), 157–68.

10 Casglwyd y wybodaeth hon yn bennaf o'm cyfweliad â bardd y bennod.

11 Jaime Luis Huenún Villa (gol.), *Poetry of the Earth: Trilingual Mapuche Anthology* (Awstralia: Interactive Press, 2014).

12 Ibid., t. 89.

13 Ibid., t. 31.

14 Ibid., t. 37.

15 Kendel Hippolyte, *birthright* (Leeds: Peepal Tree Press, 2007), tt. 54–5.

16 *www.peepaltreepress.com/ authors/kendel-hippolyte.*

PENNOD 12

Clo

Clo

Iaith Oleulawn[1]

'Beth yw iaith?' Dyna oedd y cwestiwn a roddodd gychwyn
ar ein taith yng nghwmni'r beirdd o bedwar ban. Ond er inni
weld iaith mewn sawl golau, ni chafwyd ateb twt. Bu weithiau'n
gerbyd inni gyfathrebu'n effeithiol â'n gilydd ac â'r holl fydysawd,
a thu hwnt i hwnnw hyd yn oed. Dro arall, bu'n system creu
dryswch rhyngom. Bu'n destun balchder. Bu'n destun cywilydd.
Bu ar ei gwely angau. Bu weithiau'n mentro byw.

> Ac fe'i cawsom ...
> Fel hen wraig ar ffo,
> Fel mam, fel tad,
> Fel bustl, fel poer,
> Fel rhegwraig, fel brenhines,
> Fel dringwraig o'r dyfnfor,
> Fel cerbyd, fel cwrwgl,
> Fel cleddyf,
> Fel ffordd adref o faes y gad,
> Fel aelwyd, fel noddfa,
> Fel adeilad â'i feini'n annistryw,
> Fel llwch diystyr,
> Fel maen melin, fel baich,
> Fel dilledyn benthyg,
> Fel cân adar,
> Fel sisial gwynt,
> Fel tŵr,
> Fel dŵr,
> Fel goleuni ...
> Ac fel llawer, llawer mwy.

Ond y cwestiwn a ofynnir y dyddiau hyn, er mwyn ein
gwared ni, mae'n debyg, rhag oferedd 'jyst' meddwl a gwastraff
amser cwnsel-y-claw' (neu'r gwag-swmerydd i bobl y tu hwnt i

Ben-caer), yw beth yw diben llyfr fel hwn. *'So what?'* 'Pa ots?' Ac wrth ddod â'r gyfrol i ben, mae'r 'pa ots?' yn gwasgu. Pa ots ein bod wedi aros i ddychmygu iaith fel cymaint o wahanol bethau? Pa ots ein bod, er enghraifft, wedi gweld bardd o Fynachlog-ddu yn ei chanfod fel merch perygl, a bardd o Ddinas Mecsico yn ei dirnad fel merch marwolaeth? A pha ots ein bod wedi treulio un ar ddeg o benodau'n holi cwestiwn ond heb gael ateb?

Digon posib nad oes llawer o ots o gwbl. Oni bai, efallai, ein bod o'r farn bod llenyddiaeth, fel pob ffurf ar gelfyddyd, yn gallu bod yn gyfrwng-creu-ystyron, a bod ots felly, ein bod ni, bob hyn a hyn, yn hoelio ein sylw ar yr ystyron y mae hi wedi ac yn eu creu, a hynny er mwyn dod yn ymwybodol ohonynt. Oherwydd weithiau, maent mor ddwfn yn ein hisymwybod nes ein bod yn eu derbyn fel ffeithiau diymwad. Ond o ddod yn ymwybodol ohonynt, gallwn eu herio. Oherwydd wrth greu ystyron, rydym yn creu cymdeithas – ac wrth greu ystyron newydd, gallwn newid cymdeithas er gwell neu er gwaeth.

Byd rhithiol yw byd llenyddiaeth. Nid y profiad ei hunan yn hollol a geir ganddi. Ac felly, er mwyn dal ei hystyron, mae'n rhaid inni ddefnyddio'r set honno o gyneddfau sy'n ein galluogi i ddirnad pethau sydd y tu hwnt i'r 'yma nawr'. Dyma ni yn ôl gyda J. R. Jones y bennod gyntaf a'r 'gynneddf gadw' a'r 'gynneddf adfywio' (ac oedd, roedd hi'n anochel y byddai'r athronwyr yn ailymddangos cyn cau pen y mwdwl). Defnyddiwn y gynneddf gadw i ddwyn syniad yn ôl. Rhyw fath o gofio, os mynnwch. Gwelwn gysgod hon ar waith pan fydd delwedd mor gyfarwydd inni nes bron ei bod wedi colli ei grym. Cofiwn yr esiampl tua dechrau'r llyfr, 'mae'r haul yn gwenu'. Dyma drosiad trawiadol, ond un sydd, drwy ei haml arfer, wedi colli ei sglein rywsut (os caf faddeuant am ddefnyddio cwmwl a haul a sglein drwy'r trwch). Neu beth am y syniad sy'n dweud 'mae iaith yn drysor'? Nid ydym mwyach yn rhyfeddu at y gosodiad hwnnw chwaith, unwaith eto am ei bod hi'n hen fel pechod. (Stop! 'Hen fel pechod'.) Ond pan fydd delwedd yn newydd, mae fel pe byddai'n cynnau switsh y gynneddf adfywio, a ninnau'n cael ein hysgogi i ddychmygu'r profiad neu, yn achos darllen llenyddiaeth, ei *gyd*-ddychmygu â'r llenor. Dyma gynneddf sy'n cynnig posibiliadau newydd inni. Tybed a oes rhai o'r delweddau a gawsom am iaith wedi deffro'r gynneddf adfywio ynom? Naill ai am eu bod yn syniadau newydd inni, neu am ein bod wedi oedi i graffu ar yr hen syniadau o'r newydd. Os felly, mentraf ddweud bod ychydig o ots, yn enwedig i ni sy'n siarad iaith sydd o dan fygythiad. Huw Morris-Jones a esboniodd natur y perygl a all ddod yn sgil bygythiad o'r fath pan ddywedodd y gall gynhyrchu 'cyffro ac arswyd yn erbyn y presennol a'i broblemau' a pheri inni geisio 'dihangfa mewn ffantasi'.[2] Aeth yn ei flaen i ddisgrifio temtasiwn sentimentaleiddio iaith mewn amgylchiadau fel hyn, a 'goreuro'r gorffennol a cheisio adfer yr anadferadwy'.

Rwyf innau hefyd o'r farn mai gwastraff egni yw peth felly. Gwae ni rhag i heriau'r presennol ein parlysu. Gwae ni rhag yr anallu i wynebu rhai syniadau anelwig sydd gennym am iaith yn ein hisymwybod, ac o fethu eu hwynebu, methu hefyd eu hadfywio lle bo angen. Gwae ni rhag gosod y Gymraeg yn gerflun aur ar bedestal a'i gwneud hi'n rhy bell i freichiau ifanc afael ynddi; neu ei phiclo mewn finegr mewn ymgais i gadw ei hanfod yn bur a thrwy hynny ei gwneud hi'n rhy sur i dafodau siaradwyr newydd. Ac yn hytrach na'i gweld hi fel llo aur, rwyf i gyda Waldo ac yn ffafrio ei gweld hi fel merch feiddgar sydd â'r ddawn ryfeddol o fod 'mor ieuanc ag erioed, mor llawn direidi',[3] neu gydag Emyr Lewis, sy'n cymhwyso sylw T. H. Parry-Williams am Gymru at y Gymraeg, ac yn gweld yr iaith fel 'tipyn o boendod i'r rhai sy'n credu mewn trefn'.[4]

A beth yw manteision delweddau fel hyn? Yn un peth, maent yn ddatganiad o obaith. Sut hynny? Oherwydd mae gobaith yn fwy nag eistedd yn ôl a chroesi bysedd. Mae gobaith yn rhoi dau beth inni – ar y naill law, syniad cadarnhaol o rywbeth, ac ar y llall, egni i gyrchu'r peth hwnnw. A chyda'r syniad cadarnhaol, mae'r broses o obeithio yn dechrau. Rydych chi'n crychu talcen, yn fodlon cytuno, mae'n debyg, bod cyrchu cwmni merch feiddgar, ddireidus yn apelio, merch â'r ddawn, fel y cofiwch, i osod hyd yn oed y mynyddoedd yn rhydd. Ond beth am ddelwedd Parry-Williams? Honno sy'n eich blino, siawns. Beth yn y byd yw apêl y poendod? Onid yw trefn yn beth amheuthun?

Ystyriwch hyn: yn oes y cyfieithu mecanyddol, a'r mecanwaith yn gwella bob gafael, daw hi'n haws fesul wythnos i droi pob iaith yn iaith arall wrth wneud dim mwy na phwyso botwm. Gwych! Trefn! Ennill amser! Ie, mae'n debyg. Ennill dealltwriaeth? Ie a nage. Oherwydd tric y cyfieithu mecanyddol yw cael gwared ar yr ymbalfalu hwnnw ar ffiniau iaith, yr ymbalfalu creadigol sy'n ein gwneud ni'n effro i ystyron yr iaith arall, y ffrithiant cynhyrchiol rhwng ieithoedd; ac yn hytrach nag agor ein llygaid i bosibiliadau dirnad a deall y byd mewn ffyrdd newydd, rôl y peiriant yw rhoi o'n blaenau fyd unffurf. Cyn bo hir, bydd hi'n gwbl bosibl i ni ysgrifennu paragraff fel hwn, ei roi yn y peiriant a'i gael yn ôl ym mha bynnag iaith a fynnom. Cyn bo hir, gydag un gwasgiad botwm, bydd hi'n bosibl i bob corff – cyhoeddus, preifat a meidrol – gyhoeddi pob darn o waith yn Gymraeg a Saesneg fel ei gilydd. A dyna droi pob ymgyrchydd iaith a phob swyddog iaith yn segur. Hwrê! Dyna ni wedi ennill! Ond ennill beth? Trefn lefn heb lawer o liw. Ein byd yn undonog a'n meddwl mor dlawd â gardd goncrit. Go brin bod angen imi wastraffu mwy o eiriau'n eich perswadio pam nad ennill yw peth felly. Gall peth felly fod yn fersiwn ddi-finegr o'r piclo. Wedi'r cyfan, mae'r cyfieithydd mecanyddol yn gallu gwneud job eithaf da o drosi Lladin. Ac mae honno wedi hen farw fel iaith bob dydd.

Na. Mae'n well gen i eich atgoffa o Humboldt a ddangosodd nad cynnyrch yw iaith fyw, ond gweithred. Tra bo iaith yn fyw, nid yw fyth yn wrthrych gorffenedig, ond yn hytrach yn broses sy'n newid o hyd. Mae hynny'n wir am ei geiriau, ei hacen, ei chystrawen a'i defnydd. Gweithredoedd yw'r cyfan hyn. Drwy weithredoedd ieithoedd ein gilydd, gallwn ddod i ddeall o'r newydd y byd o'n cwmpas. A'n dewis ni yw gweithredu drwyddynt â grym cysylltu neu ynteu â grym gwahanu. Drwy ein hiaith ein hunain gallwn newid, ei newid hithau, newid ein hunain a newid y byd. Ac i wneud hynny, mae angen parhau i'w dychmygu â holl rym cynneddf adfywio. Ac mae angen lleisiau newydd a llenorion newydd i'w defnyddio fel cerbyd y 'cyffro angerddol',[5] chwedl Parry-Williams, ac i roi ar waith y gynneddf greadigol. A beth wedyn am roi ar waith y fantais ddwy ac amlieithog a grybwyllwyd ar ddechrau'r daith? Dyma fantais a ddefnyddiodd Dafydd ap Gwilym, fel yr esboniodd Dafydd Johnston yn ddiweddar, er mwyn 'ysgogi creadigrwydd llenyddol'[6] – a mantais yr ydym, credaf, wedi ei hesgeuluso. Mantais y byddai'r peiriant cyfieithu'n awchu ei diddymu.

Ac efallai fod ots, wrth feddwl am yr hyn a ddywedodd Huw Williams yn ddiweddar yn wyneb y canfyddiad nad yw rhagfarnau yn erbyn y Gymraeg 'yn pylu dim'.[7] Gwêl fod 'angen inni, yn fwy na dim, adnewyddu ein rhesymeg, ein rhesymoldeb a'n rhesymau'.[8] A hyd y gwelaf innau, mae'n rhaid i'r rhesymeg, y rhesymoldeb a'r rhesymau hyn ddechrau drwy bwyso a mesur beth yn union yw iaith, a beth felly yw'r iaith Gymraeg yr ydym mor daer am ei gweld yn parhau.

Ac efallai, drwy'r pwyso a mesur hwn, y craffu, y pwslo, y rhyfeddu a'r ailddychmygu, y daw rhywun ryw ddydd o hyd i rywbeth a fydd, o'r diwedd, yn ateb ein cwestiwn, 'beth yw iaith?'. A phwy a ŵyr nad yn y Gymraeg y daw'r ateb hwnnw?

Yn y cyfamser, mae casgliad y llyfr hwn o ddelweddau'n disgwyl theori. Dydy'r delweddau, na'r cerddi chwaith, ddim yn perthyn i wagle. Maen nhw'n perthyn i gyd-destun sy'n gymdeithas, yn lle, yn amser. Camgymeriad yw caniatáu i farddoniaeth or-fanteisio ar ei gallu i godi o'r profiad penodol i'r cyffredinol, a chaniatáu i ninnau drwy hynny anwybyddu cyd-destun ei chreu. Waeth pa mor uchel y gall ein dyrchafu, llunnir pob cerdd, nid ar wahân i annibendod y byd hwn, ond yn hytrach o'i ganol; a gall rhoi ystyriaeth ofalus i'w chyd-destun ein goleuo ni'n aml. Gall gynnig ffyrdd inni dwtio, ac ailwampio weithiau, ddryswch ein cymdeithas. Ei chwyldroi hyd yn oed.

Rhaid gadael yr ystyried pwysig hwnnw at eto. Am y tro, ildiwn unwaith eto i gyngor John Rowlands a ddwedodd unwaith, 'Gorau po leiaf dogmatig fyddom wrth drafod llenyddiaeth [...] a gorau po fwyaf effro fyddom i ddirgelwch llenyddiaeth'.[9] A ninnau wedi cyrraedd llinell derfyn ein taith, anodd ymwrthod â pherswâd y farn hon. A gellir ychwanegu bod rhywun yn gwybod weithiau sut y mae cadw'n 'effro i'r dirgelwch' yn gofyn am gydnabod nad oes modd dal yr ystyron i gyd mewn geiriau.

Felly, mewn cyfrol sydd wedi casglu cerddi, mae'n briodol mai bardd sy'n cael y gair olaf, a'r gair hwnnw'n cael siarad heb unrhyw sylwebaeth bellach. Pa fardd? Pa gerdd? Bûm yn dwys ystyried troi at 'A Callarse' ('Ymdawelwn'), cerdd deimladwy Pablo Neruda.[10] Byddai wedi cynnig diweddglo addas, credaf. Ond mae englyn o gadwyn sydd yn atodiad ein cyfrol ninnau'n gynnig gwell. Y teitl? 'Beth yw iaith?'[11]

> Daw amser, pan leferi – yn gywrain
>   ei geiriau, y sylwi
>   nad â llais mae'i deall hi,
>   ei deall yw distewi.

Tudur Dylan Jones

Nodiadau

1   Dafydd ap Gwilym, 'Merch yn Edliw ei Lyfrdra', yn *Cerddi Dafydd ap Gwilym*, gol. Dafydd Johnston ac eraill (Caerdydd: Gwasg Prifysgol Cymru, 2010), t. 296 (cerdd 72).

2   Huw Morris-Jones, 'Seicoleg Gymdeithasol Cymreig', *Efrydiau Athronyddol*, 13 (1950), 43–51 (t. 51).

3   Waldo Williams, 'Cymru a Chymraeg', yn *Dail Pren*, gol. Mererid Hopwood (Llandysul: Gomer, 2010), t. 84.

4   Emyr Lewis, 'Hawl Pwy i Beth?', yn E. Gwynn Matthews (gol.), *Hawliau Iaith: Cyfrol Deyrnged Merêd* (Talybont: Y Lolfa, 2015), t. 35.

5   T. H. Parry-Williams, 'Dychymyg mewn barddoniaeth', *Efrydiau Athronyddol*, 15 (1952), 4–11 (t. 6).

6   Dafydd Johnston, *'Iaith Oleulawn': Geirfa Dafydd ap Gwilym* (Caerdydd: Gwasg Prifysgol Cymru, 2020), t. 5.

7   Huw Williams, 'Law yn llaw: Athroniaeth a'r Iaith Gymraeg', yn Matthews (gol.), *Hawliau Iaith*, t. 133.

8   Ibid.

9   John Rowlands, 'Waldo Williams – Bardd y Gobaith Pryderus', yn James Nicholas (gol.), *Waldo: Teyrnged* (Llandysul: Gomer, 1977), tt. 203–13 (t. 204).

10 Gweler cyfieithiad Mererid Hopwood o'r gerdd yn: *https://www.languageofclay.wales/news/2020/4/26/ymdawelwn-trosiad-o-a-callarse-gan-pablo-neruda*.

11 Tudur Dylan Jones, 'Beth yw Iaith', yn John Gwilym Jones a Tudur Dylan Jones, *Am yn ail* (Llandysul: Cyhoeddiadau Barddas, 2021), tt. 114–15. Gweler hefyd dudalen 175.

Atodiad Cerddi

ADDASU

Getting lost in Lockdown
Time together but with different agendas
I try to homeschool, but they'd rather YouTube
And I turn to DIY to process trauma
And they find comfort in each other & everything America
Ni'n colli'r heniaith, ac mae nhw'n newid y geirfa,
    i dumpster, diaper ...

Ac mae neges yn yr enfys sy'n sibrwd yn y cefndir
Mae yna addewid bydd hyn gyd yn gwella
Ond mae'r diwrnodau'n troi'n wythnosau, yr wythnosau'n
    troi fisoedd
Ac mae dealltwriaeth gliriach fod yr hen ffyrdd bach
    yn farbareidd-dra ...

Pan ddaethom i arfer a'n caer, ein swigen, ein cysegr
Wedi addasu byw heb eraill
Wedi cysoni â'r tymor newydd
Gyda'r adar, gyda'r lleuad
Gyda'r hynafiaid
Wedi datblygu, fe wnaethon ni dyfu adenydd ...

Roedd hi'n amser cychwyn yn ôl yn yr ysgol
Un merch methu aros
Yr un arall yn torri calon
Yn methu rhoi rheswm
Ond roedd y dagrau'n gynyddol, llawn cyfrol ...

A dwi'n cloddio trwy'r anobaith
i ddod o hyd i'r atebion
Ac un bore Mercher
Mae hi'n barod i rannu'r achosion ...

'I've forgotten all my Welsh
And my teachers will be grac
I don't want to see my ffrindiau
I don't want a new school bag
I don't want to catch the bws
I'm never ever going back
I'm staying home with you Mami
And that's the end of that!'

'Fy merch bêr annwyl
Mae'r Iaith Gymraeg yn eich gwaed
hallt, mae yn eich gwallt
Mewn pob cam rydych chi'n ei gymryd gyda'ch traed
Mae yn eich gwên, mae yn eich chwerthin, mae yn
   eich dagrau
Mae yn eich enaid, yn eich ysbryd, lliw eich llygaid

A dwi'n addo bydd ysgol yn saff
Mae'r athrawon 'mond eisiau i chi fod yn hapus
Mae pawb wedi bod trwyddo cyfnod caled
Mae'n naturiol teimlo'n nerfus' ...

Y bore cyntaf 'nôl, y plant i gyd yn llawn cyffro
Rhuodd y bws, yn llawn balchder a phwrpas, i fyny'r bryn.
Nid edrychodd fy merched yn ôl
Es i adref a chrio bwcedi, gweddïais ar yr holl dduwiau
   i'ch amddiffyn.

Mae dealltwriaeth gydweithredol newydd
Fod ein hysgolion yn hafanau
Esgyrn cefn y gymuned, teulu estynedig,
Lleoedd diogel inni dyfu a dod o hyd i'n tynged a'n hiaith

Ac mae angen y lleodd hynny arnom
I fagu rhyfelwyr, creu chwyldroadwyr o'n plantos
Ac mae ein cyndeidiau yn dawnsio mewn hyfrydwch
Pan ddychwelodd fy merch adref gyda'i thystysgrif:
'Cymraes Yr Wythnos'.

Rufus Mufasa

EVONDA

'O nooo Wa Ndi Ngundu'
'Maluwa A'endeh ndo yondo'or'

Endlessly lost placing ribbons on our foreheads
portals into fairylands upon our return
we speak in tongues
they place us in Asylums
Junctions and crossings
mentioned in our stories of transitions
a union of 'Mbosri' chorusing
Izruuuki
Immukka
Izruuuki
Immukka
questioning, why we are dying

'O noo Wa Ndi Ngundu'
'Maluwa A'endeh ndo yondo'or'

From this cell watching
trees falling ants holding their heads as if praying,
bugs, and spiders clapping
woodpeckers diving deep
on their beaks tadpoles pleading
and, beyond the greenery of Abertawe
rabbits fiddling with their nuts

'O noo Wa Ndi Ngundu'
Maluwa A'endeh ndo yondo'or

Flowing downhill frogs croaking
mating lizards, heads shaking
starlings zigzagging, rhyming
feeding on skies piteous offering
on a brown leaf chameleon camouflaging
twisting tongue enticing,
a mosquito dying
fate sealed, sadly.

'O nooo Wa Ndi Ngundu'
'Maluwa A'endeh ndo yondo'or'

Eric Ngalle Charles

Geirfa

Evonda:	Amserau
O nooo Wa Ndi Ngundu:	Dydy'r rheswm rwyt ti'n ei roi dros fy lladd ddim yn ddigon da
Maluwa A'endeh ndo yondo'or':	Bydd dŵr bob amser yn teithio
Mbosri:	leithoedd
Izruuuki:	Dydyn ni ddim wedi cyrraedd?
Immukka:	Rydym ni wedi cyrraedd

THE LAND WOULD DISAPPEAR

On the drive to school – a no conversation before coffee
    kind of day,
my son asks, "why do I have to learn Welsh?"
I look out of the window to see trees telling us it's autumn.
A bending back of green, as crisp and curled
as the fiver Nan slips into my hand with an extra squeeze.
Hands are how we say I love you, isn't it? Like when
my husband strums downwards from my neck. His rich,
    dark fingers
read my landscape like Braille and I cuddle closer in
    response.
But so often his gentle colour spells P-R-O-B-L-E-M and
everywhere I look words begin to bite and break and change.
Choking the S-A-F-E out of mouths praying face downwards
on the pavement. Trigger warnings are starting
to sound like amulets but while chanting I keep a pebble
under my tongue because some words are not meant for
    me or you.
I heard that the Welsh mae cannot be felt in English.
An ahlan wa sahlan conundrum leaving us clues
in vapour and breath on the window. Maybe it says:
This is our homeland and you are welcome here?
I watched an interpreter sign a poem in BSL once.
Her arms arched, fingers glittering gorgeous through a stanza
like leaves whispering joy into the ears of passersby.
But when a Deaf friend lost a beloved: His fingers were still
as a willow, frustrated that they failed to capture the grief.
"I see now", says my son as we witness the world from our car,
"the land would disappear."

Hanan Issa

Gaf i rannu'r gyfrinach? Mae gennym
   Yma gân anwylach;
Rhyfeddod mil rhyfeddach
Yw hyn o fyd drwy iaith fach.

Mae enw wrth bob mynydd yn glynu,
   Ac fe glywn o'r newydd
Ein sŵn ymhob afon sydd
A'n llafar yn ein llefydd.

Ein daeareg, ein stori, ein galar,
   Ein jôcs gwael, ein cwmni,
Ein neuaddau, ein gweddi –
Ein ffordd o fyw ydyw hi.

Mae croeso ymhob troad ohoni
   I'r un fyn ei siarad;
Golau hon yw llusern gwlad
I'w neuaddau'n wahoddiad.

Yn ei llên fe ddarlleni hen linach
   Englynion, a thrwyddi
Gall oes arall a'i seiri
Ddweud eu dweud i'th gyffwrdd di.

O'r huodledd a'r rwdlan, doi i weld
   Fod aer y tu allan
Yn y mil o liwiau mân
Yn iachach drwy iaith fechan.

Emyr Davies

HOLWYDDOREG AR IAITH

1. Gofyniad: Pa beth yw iaith?

Ateb: Yn y niwl uwchben sir Fôn,
aeth dwy awyren heibio'i gilydd heb gyffwrdd
   a heb weld
yn nallbwynt y radar. Dyma beth yw iaith.

Cyfres o gamddealltwriaethau.

Coesau yn taro byrddau
mewn stafelloedd tywyll.

Ystyriwch, pe byddem ni
yn dallt ein gilydd,
be fyddai 'na ar ôl i'w ddweud?

2. Gofyniad: A yw hon yn iaith?

Ateb: Maen nhw'n dweud ei bod hi.
Nid pawb. Mae rhai'n ei gwadu,
ei galw'n sŵn, neu rywbeth marw.

Rwy'n casglu pethau marw. Amonit,
penglogau adar bach a brigau'r ynn.
Hen fatris, beiros gwag. Eu rhoi
mewn bocsys sgidiau dan y gwely,
yn fath o ofergoeliaeth.

3. *Gofyniad: Beth ddaeth cyn iaith?*

> Ateb: Nid tawelwch, na, ond sŵn. Y ffasiwn ddwndwr,
> dŵr yn llifo lawr ceunentydd, gwynt mewn 'sgyfaint,
> mellt ar y mynyddoedd a rhew yn gwichian.
> Mewian bwncath, chwiban pry, curiad
> esgyll cudyll uwch ben cors a sisial sglefrod môr.

4. *Gofyniad: Beth ddaw wedi iaith?*

> Ateb: Mae iaith, medden nhw, fel gwastraff niwclear.
> Wedi'r adwaith gynta', y creu mawr, y gwres a'r dinistr,
> mae'r stwff sy'n gwrthod marw. Er ei gladdu'n ddwfn,
> ei alltudio o wyneb haul a gwres y sêr, mae atomau'i
>   fod yn dal i gnoni,
> yn dal i droi a throsi, hyd yn oed o'u beddau dwfn
> maen nhw'n gwgu, yn gwrthod pydru.

Grug Muse

AMLIEITHRWYDD

Despite being taught in Welsh
rwy'n rhugl mewn sawl iaith,
i puc fugir a mons llunyans,
ja das ist wahr – mae'n ffaith:

Fe allaf fynd ar daith i Leifior,
to Llareggub on my way,
podría ir a Macondo,
rhain i gyd in just one day.

Ich könnte auch mein Faust besuchen
or slip to Roald Dahl's shed;
mae byd T. Llew yn troi i mi
yn goelcerth, in my head.

Y si la noche está llorando,
os yw'r dydd yn teimlo'n wag,
in einer Sprache liegt die Antwort –
English neu'r Gymra'g.

Und warum nicht? Ie, pam lai?
Why not? Per què no?
Mae allwedd yn yr ieithoedd hyn
i fyd sy'n styc dan glo.

Ven conmigo durch diese Welten
ar adain neu ar droed,
awn 'da'n gilydd, English and Welsh,
yr anrheg orau erioed.

Gwynfor Dafydd

Hon yw'r gair hwnt i'r geiriau, – hon yw dweud
    di-ddweud ddyheadau,
    hon yw'r cof, wedi i gof gau,
    a'r enaid rhwng llythrennau.

Hon gennym cyn y'n ganed, – iau yw hi
    fesul haf, er hyned,
    hon ddi-air rywsut a ddwed,
    hon nas clywir ... nes clywed.

Lawer awr, i'w chwilio'r af – i fyny
    cynefinoedd garwaf
    ei hanes coll, nes y'i caf
    tu ôl i'r cwm tawelaf.

Hon yw'r mawn ar y mynydd, – hon yw'r gwir
    a gais yr arlunydd,
    y niwl gwyn ar derfyn dydd
    a'r lliw'n y bore llonydd.

Daw amser, pan leferi – yn gywrain
    ei geiriau, y sylwi
    nad â llais mae'i deall hi,
    ei deall yw distewi.

Tudur Dylan Jones

Llyfryddiaeth

Alberro, Manuel, 'The Celticity of Galicia and the Arrival of the Insular Celts', Proceedings of the Harvard Celtic Colloquium, 24/25 (2004/5)

Albert, Memmi, The Colonizer and the Colonized, cyf. Howard Greenfeld (Llundain: Earthscan, 1990)

An Bíobla Naofa (Maigh Nuad: An Sagart, 2000)

Andrzejewski, B. W., a Sheila Andrzejewski (goln), An Anthology of Somalia Poetry (UDA: Indiana University Press, 1993)

Andrzejewski, Bronislaw, 'Alliteration and Scansion in Somali Oral Poetry and their Cultural Correlates', Journal of the Anthropological Society of Oxford, 13/1 (1982)

ap Gwilym, Gwynn, ac Alan Llwyd (goln), Blodeugerdd o Farddoniaeth Gymraeg yr Ugeinfed Ganrif (Llandysul: Gwasg Gomer/Cyhoeddiadau Barddas, 1987)

Ap Hefin, 'Angladd y Gymraeg', Cymru, 68 (1925)

Aristoteles, Categories and De Interpretatione, cyf. J. L. Ackrill (Rhydychen: Clarendon Press, 1975)

Arnold, Matthew, On the Study of Celtic Literature (Llundain: Smith, Elder & Co, 1867)

Aulestia, Gorka, 'Postura de Unamuno ante el Vascuence', Hispanófila, 95 (1989)

Ayo, Álvaro A., 'El arca de Don Quijote: la lengua, el mar y la invención de España en dos poemarios de Miguel de Unamuno', Anales de la literature española contemporánea, 31/1 (2005)

Báez Allenda, Chrstian (gol.), Conociendo la cultura Mapuche (Chile: Publicaciones Cultura, 2012)

Baldwin, Oliver, 'A Spaniard in essence: Seneca and the Spanish Volksgeist', International Journal of the Classical Tradition, 28 (2021)

Banti, Giorgio, a Franceso Giannattasio, 'Music and Metre in Somali Poetry', yn Voice and Power: The Culture of Language in North-East Africa. Essays in Honour of B. W. Andrzejewski (Llundain: School of Oriental and African Studies, University of London, 1996)

Beibl Cysegr-lân, cyfieithiad William Morgan (Llundain: Y Gymdeithas Feiblaidd Frytanaidd a Thramor),

Breathnach, Colm, An Fearann Breac (Baile Átha Cliath: Coiscéim, 1992)

Breathnach, Colm, Rogha Dánta 1991–2006 (Baile Átha Cliath: Coiscéim, 2008)

Campbell, Matthew (gol.), The Cambridge Companion to Contemporary Irish Poetry (Caergrawnt: Cambridge University Press, 2003)

Carson, Liam, 'Telling it slant', adolygiad o Rogha Dánta 1991–2006 gan Colm Breathnach, yn The Poetry Ireland Review, 98 (July 2009)

Cassirer, Ernst, *The Philosophy of Symbolic Forms, Vol. 4 The Metaphysics of Symbolic Forms*, gol. John Michael Krois a Donald Phillip Verene (Llundain: Yale University Press, 1996)

Castaño, Yolanda, *A Segunda Lingua* (A Coruña: Caixa Galicia, 2013)

Castaño, Yolanda, *La segunda lengua/A segunda lingua* (Madrid: Visor Libros, 2015)

Castillo Fadić, María Natalia, ac Enrique Sologuren Insua, 'La lengua mapuche frente a una políticaindígena urbana: marco legal, acción pública y planificación idiomática en Chile', *Revista de Lenguas Indígenas y Universos Culturales*, 8 (2011)

Castro, Rosalía de, *Cantares Gallegos* (Vigo: Juan Compañel, 1863)

Castro, Rosalía de, *Obras Completas* (Madrid: Aguilar, 1960)

Cawsey, Kathy, *Images of Language in Middle English Vernacular Writings* (Caergrawnt: D. S. Brewer, 2020)

Chattarji, Sampurna, ac Eurig Salisbury, *Elsewhere Where Else / Lle Arall, Ble Arall* (Mumbai: Paperwall Media, 2018)

Chattarji, Sampurna, *Sight May Strike You Blind* (Delhi Newydd: Sahitya Akademi, 2007)

Colins, Lucy, 'Irish poets in the public sphere', yn Matthew Campbell (gol.), *The Cambridge Companion to Contemporary Irish Poetry* (Caergrawnt: Cambridge University Press, 2003)

Cooper, Sarah, a Laura Arman (goln), *Cyflwyniad i ieithyddiaeth* (Caerfyrddin: Y Coleg Cymraeg Cenedlaethol, 2020), *www.porth. ac.uk/ en/collection/cyflwyniad-i-ieithyddiaeth*

Dafydd ap Gwilym, *Cerddi Dafydd ap Gwilym*, gol. Dafydd Johnston et al. (Caerdydd: Gwasg Prifysgol Cymru, 2010)

Daniel, Rhianwen E., *Effaith Iaith ar Hunaniaeth Ddiwylliannol: Goblygiadau ar gyfer Cyfiawnder Ieithyddol a Chenedlaetholdeb Rhyddfrydol, https://orca.cardiff. ac.uk/id/eprint/143971/1/ 2021DanielREPhD.pdf*

Daniel, John, a Walford L. Gealy (goln), *Hanes Athroniaeth y Gorllewin* (Caerdydd: Gwasg Prifysgol Cymru, 2009)

Darllenwr, 'Athroniaeth Iaith', yn *Yr Athronydd Cymreig*, 1/5 (Tachwedd 1890), 152–5

Davies, Emyr, 'Y Gynghanedd ac Ieithyddiaeth', yn Aneirin Karadog ac Eurig Salisbury (goln), *Y Gynghanedd Heddiw* (Talybont: Cyhoeddiadau Barddas, 2020)

Davies, J. Eirian, *Cân Galed* (Llandysul: Gwasg Gomer, 1974)

Davies, J. Eirian, *Cyfrol o gerddi* (Dinbych: Gwasg Gee, 1985)

de Paor, Louis (gol.), *Leabhar na hAthghabhála: Poems of Repossession* (Eastburn: Bloodaxe Books, 2016)

Delanty, Greg, a Nuala Ní Dhomhnaill (goln), *'Jumping off Shadows': Selected Contemporary Irish Poets* (Corc: Cork University Press, 1995)

Edwards, O. M., *Hanes Cymru* (Caernarfon: Cwmni y Cyhoeddwyr Cymreig, 1911)

Eliot, T. S., *Four Quartets* (London: Faber and Faber Ltd., 2000)

Emerson, Ralph Waldo, 'The Poet', *Essays: Second Series* (Boston: James Munroe and Company, 1847)

Emrys ap Iwan, 'Cymraeg y Pregethwr', yn D. Myrddin Lloyd (gol.), *Detholiad o Lythyrau ac Erthyglau Emrys ap Iwan*, Cyfrol II (Llandysul: Gomer, 1964)

Evans, J. L., 'Empeiraeth ac ystyr', *Efrydiau Athronyddol*, 25 (1962)

Fabb, Nigel, 'Verse constituency and the locality of alliteration', *Lingua*, 108 (1999)

France, Peter (gol.), *The Oxford Guide to Literature in English Translation* (Rhydychen: Oxford University Press, 2001)

Gealy, Walford L., 'Ludwig Wittgenstein', yn John Daniel a Walford L. Gealy (gol.), *Hanes Athroniaeth y Gorllewin* (Caerdydd: Gwasg Prifysgol Cymru, 2009)

Goethe, Johann Wolfgang von, 'Maximen und Reflexionen', yn *Goethes Werke*, gol. Herbert von Einem ac Hans Joachim Schrimpf (Hamburg: Christian Wegner Verlag, 1953)

Goethe, Johann Wolfgang von, *Goethes Sämtliche Werke, Jubiläums-Ausgabe*, 40 cyfrol (Stuttgart a Berlin: J. G. Gotta'sche, 1902–12).

Goswami, Joy, *Moutat Maheswar* (Kolkata: Ananda Publishers, 2005)

Goswami, Joy, *Selected Poems*, cyf. Sampurna Chattarji (India: Harper Perennial, 2014)

Grey, Ronald, 'Introduction', *Poems of Goethe* (Caergrawnt: Cambridge University Press, 1966)

Griffiths, D. J., 'Dehongliad Idealistig o Iaith', *Efrydiau Athronyddol*, 19 (1956)

Gruffydd Robert, 'Dosparth Byrr Ar Y Rhann Gyntaf i Ramadeg Cymraeg' (Milan, 1567)

Hartnett, Michael, *Adharca Broic* (Baile Átha Cliath: Gallery, 1978)

Havard, Robert, '*Saudades* as Structure in Rosalía de Castro's *En las orillas del Sar*', *Hispanic Journal*, 5 (1983)

Heidegger, Martin, *Über den Humanismus* (Frankfurt a. M.: Klostermann, 1949)

Herbert, W. N., a Said Jama Hussein (goln), *So at one with you: An Anthology of Modern Poetry in Somali / Bulshoy Ma Is Baran Lahayn: Ururin Maansooyin Soomaali Ah Oo Waayahan Tisqaaday* (Pisa: Ponte Invisible, 2018)

Hernández, José, 'La Casa de Conversación', adolygiad o *Árbol adentro*, yn *Lecturas de Octavio Paz* (1 Febrero 1989), *www.nexos. com.mx/?p=5346*

Hippolyte, Kendel, *birthright* (Leeds: Peepal Tree Press, 2007)

Hirschkop, Ken, *Linguistic Turns 1890–1950* (Rhydychen: Oxford University Press, 2019)

Hoff Gerddi Cymru (Llandysul: Gwasg Gomer, 2000)

Hopwood, Mererid, 'Doethineb Iaith', yn *O'r Pedwar Gwynt* (Haf 2019)

Hopwood, Mererid, 'Iaith cynghanedd: "iaith ryfeddol yw hon"', yn Aneirin Karadog ac Eurig Salisbury (goln), *Y Gynghanedd Heddiw* (Talybont: Cyhoeddiadau Barddas, 2020)

Horta, Maria Teresa, *Inquietude* (Braga: Vila Nova de Famalicão, 2006)

Horta, Maria Teresa, *Point of Honour: Selected Poems of Maria Teresa Horta*, cyf. Lesley Saunders (Reading: Two Rivers Press, 2019)

Huenún Villa, Jaime Luis (gol.), *Poetry of the Earth: Trilingual Mapuche Anthology* (Awstralia: Interactive Press, 2014)

Hughes, Glyn Tegai, 'Cysylltiad Iaith â'r Ymwybyddiaeth Genedlaethol', *Efrydiau Athronyddol*, 24 (1961)

Ieuan Glan Geirionydd, 'I'r Iaith Gymraeg', yn *Ieuan Glan Geirionydd*, gol. Ab Owen (Conwy: R. E. Jones a'i Frodyr, 1908)

Ifan, Tecwyn , *Caneuon Tecwyn Ifan*, ailargraffiad (Talybont: Lolfa, 2012)

Jed Rasula a Steve McCaffery (goln), *Imagining Language: An Anthology* (Caergrawnt, Massachusetts: MIT Press, 1998)

Jenkins, Geraint H. (gol.), *Y Gymraeg yn ei Disgleirdeb* (Caerdydd: Gwasg Prifysgol Cymru, 1997)

Johnson, John William, 'The Family of Miniature Genres in Somali Oral Poetry', *Folklore Forum*, 5/3 (1972)

Johnson, John William, *Heelloy: Modern Poetry and Songs of the Somali* (Llundain: HAAN Publishing, 1996)

Johnston, Dafydd, *'Iaith Oleulawn': Geirfa Dafydd ap Gwilym* (Caerdydd: Gwasg Prifysgol Cymru, 2020)

Jones, D. Gwenallt, *Cerddi Gwenallt: Y Casgliad Cyflawn*, gol. Christine James (Llandysul: Gomer, 2001)

Jones, J. R., 'Natur Delweddau Dychymyg', yn *Efrydiau Athronyddol*, 15 (1952)

Jones, J. R., *A Raid i'r Iaith Ein Gwahanu?* (Cyfres Ddigidol Y Coleg Cymraeg Cenedlaethol, e-argraffiad 2013 o'r gwreiddiol 1978), *www. porth.ac.uk/en/collection/ a-raid-i-r-iaith-ein-gwahanu-j-r- jones*

Jones, J. R., *Prydeindod* (Cyfres Ddigidol y Coleg Cymraeg Cenedlaethol, e-argraffiad 2013 o'r gwreiddiol 1966), *https://llyfrgell. porth.ac.uk/View. aspx?id=2038~ 4n~NOVt9fmN*

Jones, John Gwilym, a Tudur Dylan Jones, *Am yn ail* (Llandysul: Cyhoeddiadau Barddas, 2021)

Jones, R. M., *Dysgu Cyfansawdd* (Aberystwyth: CYD, 2003)

Karadog, Aneirin, ac Eurig Salisbury (goln), *Y Gynghanedd Heddiw* (Talybont: Cyhoeddiadau Barddas, 2020)

Kennelly, Brendan, *The Essential Brendan Kennelly Selected Poems*, gol. Terence Brown a Michael Longley (Northumberland: Bloodaxe Books, 2011)

Kirkley, Laura, 'The question of language: Postcolonial translation in the bilingual collections of Nuala NíDhomhnaill and Paul Muldoon', *Translation Studies*, 6/3 (2013)

Koch, John T., 'Thoughts on Celtic Philology and Philologists', yn Jan Ziolkowski (gol.), *On Philology* (University Park PA: Pennsylvania State University Press, 1990)

Kohl, Katrin, Rajinder Durah et al. (goln), *Creative Multilingualism: A Manifesto* (Caergrawnt: UK Open Book Publishers, 2020)

Krois, John Michael, a Donald Phillip Verene (goln), *Ernst Cassirer: The Philosophy of Symbolic Forms, Vol. 4 The Metaphysics of Symbolic Forms*, cyf. John Michael Krois (Llundain: Yale University Press, 1996)

Krois, John Michael, ac Oswald Schwemmer (goln), *Ernst Cassirer: Zur Metaphysik der Symbolischen Formen* (Hamburg: Meiner, 1995)

La Santa Biblia: Antiguo y Nuevo Testamento (Asunción: Sociedades Bílicas en América Latina, 1960)

Lacerda, Alberto de, *Oferenda 1* (Lisboa: Imprensa Nacional – Casa da Moeda, 1984)

Lewis, Emyr, 'Hawl Pwy i Beth?', yn E. Gwynn Matthews (gol.), *Hawliau Iaith: Cyfrol Deyrnged Merêd* (Talybont: Y Lolfa, 2015)

Lewis, Gwyneth, *Keeping Mum* (Northumberland: Bloodaxe Books, 2003)

Lewis, Gwyneth, *Y Llofrudd Iaith* (Llandybïe: Cyhoeddiadau Barddas, 1999)

Lewis, I. M., *A Pastoral Democracy: A Study of Pastoralism and Politics Among the Nothern Somali of the Horn of Africa*, 3ydd golygiad (Rhydychen: James Currey gyda'r International African Institute, 1999)

Lewis, Saunders, 'Ein Hiaith a'n Tir', yn *Ati Wŷr Ifanc* (Caerdydd/Pen-y-bont ar Ogwr: Gwasg Prifysgol Cymru, 1986)

Lloyd Owen, Gerallt, *Cerddi'r Cywilydd* (Caernarfon: Gwasg Gwynedd Caernarfon, 1990)

Lloyd, D. Myrddin (gol.), *Detholiad o Erthyglau a Llythyrau Emrys ap Iwan*, 3 chyfrol (Dinbych: Gwasg Gee ar ran Y Clwb Llyfrau Cymreig, 1937)

Llwyd, Alan, *Cerddi Alan Llwyd 1968–1990: Y Casgliad Cyflawn Cyntaf* (Llandybïe, Cyhoeddiadau Barddas, 1990)

Llwyd, Alan, *Cyrraedd a Cherddi Eraill* (Llandysul: Cyhoeddiadau Barddas, 2018)

Llwyd, Alan (gol.), *Y Flodeugerdd o Ddyfyniadau Cymraeg* (Llandysul: Gwasg Gomer/Cyhoeddiadau Barddas, 1988)

Longhurst, C. A., *Miguel de Unamuno: An Anthology of his poetry* (Rhydychen: Oxbow Books, 2015)

Lynch, Peredur I., 'Dic yr Hendre, Y Bardd Llawryfog a Saunders', *Ysgrifau Beirniadol*, XXXI (2013)

Mac Giolla Léith, Caoimhín, 'Metaphor and Metamorphosis in the Poetry of Nuala NíDhomhnaill', *Éire-Ireland*, 35/1–2 (Gwanwyn/Haf 2000)

Mac Giolla Léith, Caoimhín, 'Modern Irish (Gaelic)', yn Peter France (gol.), *The Oxford Guide to Literature in English Translation* (Rhydychen: Oxford University Press, 2001)

Mac Lochlainn, Gearóid, 'Sruth teangacha' / 'Stream of tongues', yn Louis de Paor (gol.), *Leabhar na hAthghabhála: Poems of Reposession* (Eastburn: Bloodaxe Books, 2016)

Matthews, E. Gwynn (gol.), *Hawliau Iaith: Cyfrol Deyrnged Merêd* (Talybont: Y Lolfa, 2015)

Monasterios, Elizabeth, 'Leyendo a Paz', *Revista Canadiense de Estudios Hispánicos*, 16/3 (Gwanwyn 1992)

Morris-Jones, Huw, 'Seicoleg Gymdeithasol Cymreig', *Efrydiau Athronyddol*, 13 (1950)

Morris-Jones, John, 'Rhieingerdd', yn Gwynn ap Gwilym ac Alan Llwyd (goln), *Blodeugerdd o Farddoniaeth Gymraeg yr Ugeinfed Ganrif* (Llandysul: Gwasg Gomer/Cyhoeddiadau Barddas, 1987)

Müller, Max, *Lectures on The Science of Language Delivered at The Royal Institution of Great Britain in April, May, and June, 1861* (Efrog Newydd: Charles Scribner, 1862)

Ní Dhomnaill, Nuala, *Pharaoh's Daughter* (Loughcrew: Gallery Press, 2019)

Nic Eoin, Máirín, '"Severed heads and grafted tongues": The Language Question in Modern and Contemporary Writing in Irish', *Hungarian Journal of English and American Studies*, 10/1–2 (Gwanwyn 2004)

Nicholas, James (gol.), *Waldo: Teyrnged* (Llandysul: Gomer, 1977)

O'Connor, Laura, 'Between two languages', *The Sewanee Review*, 114/3 (Haf 2006)

Orwin, Martin, 'A Literary Stylistic Analysis of a Poem by the Somali Poet Axmed Ismaaciil Diiriye "Qaasim"', *Bulletin of the School of Oriental and African Studies*, 63/2 (2000)

Orwin, Martin, 'On the Concept of "Definitive Text" in Somali Poetry', *Oral Tradition*, 20/2 (2005)

Palacios, Mauela (gol.), Keith Payne (cyf.), *Six Galician Poets* (Cernyw: Arc Publications, 2016)

Parry, Thomas, 'Barddoniaeth Waldo Williams', *Y Genhinen*, 21/3 (Haf 1971)

Parry-Williams, T. H., 'Dychymyg mewn barddoniaeth', *Efrydiau Athronyddol*, 15 (1952)

Parry-Williams, T. H., *Detholiad o Gerddi*, ailargraffiad (Llandysul: Gwasg Gomer, 1976)

Paz, Octavio, *Árbol adentro* (Barcelona: Seix Barral, 1987)

Paz, Octavio, *Libertad Bajo Palabra* (Mecsico: Tezontle, 1949)

Paz, Octavio, *Libertad Bajo Palabra Obra Poética 1935–1957*, 3ydd golygiad (Mecsico: Fondo de Cultura Económica, 2003)

Paz, Octavio, *Octavio Paz, Collected Poems 1957–1987*, gol. Eliot Weinberger (Manceinion: Carcanet, 1988)

Paz, Octavio, *Traducción: Literatura y Literalidad* (Barcelona: Editorial Tusquets, 1971)

Phillips, Dewi Z., 'Pam achub iaith?', *Efrydiau Athronyddol*, 56 (1993)

Platon, *Cratylus*, cyf. Benjamin Jowett *www.gutenberg.org/ files/1616/1616-h/1616-h.htm*

Randolph, Jody Allen, *Close to the Next Moment: Interviews from a Changing Ireland* (Manceinion: Carcanet, 2010)

Rees, W. J., 'Athroniaeth yng Nghymru'r Ugeinfed Ganrif', *Efrydiau Athronyddol*, 58 (1995)

Rees, W. J., 'Dosbarthiad o'r Prif Erthyglau 1938–1992', *Efrydiau Athronyddol*, 56 (1993)

Rodríguez García, José María, 'Yolanda Castaño: Fashionista and Floating Poet', *Discourse*, 33/1 (Gaeaf 2011)

Rosser, Siwan, *Darllen y Dychymyg: Creu ystyron newydd i blant a phlentyndod yn llenyddiaeth y bedwaredd ganrif ar bymtheg* (Caerdydd: Gwasg Prifysgol Cymru, 2020)

Rowlands, John, 'Waldo Williams – Bardd y Gobaith Pryderus', yn James Nicholas (gol.), *Waldo: Teyrnged* (Llandysul: Gomer, 1977)

Ruiz Barrionuevo, Carmen, 'La incesante busqueda del lenguaje en la poesía de Octavio Paz', *Revista de Filología de la Universidad de la Laguna*, 3 (1984)

Sahay, Raghuvir, *Raghuvir Sahay Sanchayita*, gol. Krishna Kumar (Delhi Newydd: Rajkamal Prakashan 2003)

Schleicher, August, 'Die ersten Spaltungen des indogermanischen Urvolkes', *Allgemeine Monatsschrift für Wissenschaft und Literatur*, 3 (1853)

Schmidt, Johannes, *Die Verwandtschaftsverhältnisse der indogermanischen Sprachen* (Weimar: Hermann Böhlau, 1872)

Singh, Kedarnath, 'Maatribhasha', yn *Akaal mein Saaras* (Delhi Newydd: Rajkamal Prakashan, 1988)

Stevens, Wallace, *The Collected Poems of Wallace Stevens* (Efrog Newydd: Alfred Knopf, 1955)

Sweetser, Eve E., 'English Metaphors for Language: Motivations, Conventions, and Creativity', *Poetics Today*, 13/4 (1992)

Taylor, Charles, *The Language Animal* (Cambridge MA a Llundain: The Belknap Press of Harvard University Press, 2016)

Thomas, Hugh, *The Spanish Civil War*, 3ydd golygiad (Llundain: Penguin Books, 1986)

Thomas, Ned, '"Dichten und Denken": meddwl am yr iaith a meddwl yn yr iaith yng nghwmni Martin Heidegger', yn E. Gwynn Matthews (gol.), *Hawliau Iaith: Cyfrol Deyrnged Merêd* (Talybont: Y Lolfa, 2015)

Thomas, Ned, *Waldo* (Caernarfon: Gwasg Pantycelyn, 1985)

Thomas, R. J., et al. (goln), *Geiriadur Prifysgol Cymru*, 4 cyfrol (Caerdydd: Gwasg Prifysgol Cymru, 1950–2002)

Titley, Alan, adolygiad o *Saothrú an Ghoirt* gan Gréagóir Ó Dúill a *Scáthach* gan Colm Breathnach, *The Poetry Ireland Review*, 46 (Haf 1995)

Unamuno, Miguel de, *Miguel de Unamuno, Obras Completas*, 9 cyfrol (Madrid: Escelicer, 1966–71)

Valéry, Paul, *Cahiers/Notebooks*, goln Brian Stimpson et al., cyf. Rachel Killick et al., 5 cyfrol (Frankfurt/Efrog Newydd: Peter Lang, 2000)

Valéry, Paul, *Paul Valéry, Cahiers 1*, gol. Judith Robinson (Paris: Gallimard, 1973)

von Humboldt, Wilhelm, 'Über die Verschiedenheit des menschlichen Sprachbaues und ihren Einfluss auf die geistige Entwicklung des Menschengeschlechts', yn Andreas Flitner a Klaus Giel (goln), *Wilhelm von Humboldt, Schriften zur Sprachphilosophie* (Stuttgart: Cotta, 1981)

von Humboldt, Wilhlem, *Schriften zur Sprache*, gol. Michael Bühler (Stuttgart: Reclam, 1995)

Waetzoldt, Stephan, *Die Jugendsprache Goethes; Goethe und die Romantik; Goethes Ballade, Drei Vorträge* (Llundain: Classic Reprints, Forgotten Books, 2018)

Walford Davies, Damian, a Jason Walford Davies (goln), *Cof ac Arwydd, Ysgrifau Newydd ar Waldo Williams* (Llandybïe: Cyhoeddiadau Barddas, 2006)

Walford Davies, Jason, '"Pa Wyrth Hen Eu Perthynas?": Waldo Williams a "Chymdeithasiad Geiriau"', yn Damian Walford Davies a Jason Walford Davies (goln), *Cof ac Arwydd, Ysgrifau Newydd ar Waldo Williams* (Llandybïe: Cyhoeddiadau Barddas, 2006)

Welch, Robert (gol.), *The Concise Oxford Companion to Irish Literature* (Rhydychen: Oxford University Press, 2000)

Wiliams, Gerwyn, *Cynan: Drama Bywyd Albert Evans Jones, 1895–1970* (Talybont: Y Lolfa, 2020)

Williams, Dilys, 'Ychydig Ffeithiau', *Y Traethodydd*, 128/540 (Hydref 1971)

Williams, Glyn, 'Cynhyrchu Disgwrs: Sylwadau ar Waith Michel Foucault', *Efrydiau Athronyddol*, 51 (1988)

Williams, Huw, 'Law yn llaw: Athroniaeth a'r Iaith Gymraeg', yn E. Gwynn Matthews (gol.), *Hawliau Iaith: Cyfrol Deyrnged Merêd* (Talybont: Y Lolfa, 2015)

Williams, Waldo, 'Geiriau', *Y Ford Gron*, 2/9 (Gorffennaf 1932)

Williams, Waldo, *Dail Pren*, gol. Mererid Hopwood (Llandysul: Gwasg Gomer, 2010)

Williams, Waldo, *Waldo Williams: Cerddi 1922–1970*, goln Alan Llwyd a Robert Rhys (Llandysul: Gomer, 2014)

Williams, Waldo, *Waldo Williams: Rhyddiaith*, gol. Damian Walford Davies (Caerdydd: Gwasg Prifysgol Cymru, 2001)

Wittegnestein, Ludwig, *Philosophische Untersuchungen*, cyf. G. E. M. Anscombe (Rhydychen: Basil Blackwell, 1953)

Wittgenstein, Ludwig, *Tractatus Logico-Philosophicus*, cyf. D. F. Pears a B. F. McGuinness (Llundain: Routledge & Kegan Paul Ltd., 1961)

Y Beibl Cymraeg Newydd (Swindon: Y Gymdeithas Feiblaidd Frytanaidd a Thramor, 1988)